MedR Schriftenreihe Medizinrecht

M. Bergener   A. Heiliger   H. Holzschneider

Problematik des Freiheitsentzugs bei psychisch Kranken

Die Zwangsunterbringung nach dem
PsychKG NW am Beispiel der Stadt Köln

Mit 67 Tabellen

Springer-Verlag
Berlin Heidelberg New York
London Paris Tokyo

Prof. Dr. med. Manfred Bergener
Leitender Landesmedizinaldirektor, Leitender Arzt
der Rheinischen Landesklinik Köln

Dr. med. Alfred Heiliger

Dr. med. Herbert Holzschneider

Rheinische Landesklinik Köln
Wilhelm-Griesinger-Straße 23, D-5000 Köln 91

Fortführung der Reihe „RECHT und MEDIZIN"

CIP-Kurztitelaufnahme der Deutschen Bibliothek
Bergener, Manfred: Problematik des Freiheitsentzugs bei psychisch Kranken: d. Zwangs-
unterbringung nach d. PsychKG NW am Beispiel d. Stadt Köln; mit 67 Tab./
M. Bergener; A. Heiliger; H. Holzschneider. – Berlin; Heidelberg; New York; London;
Paris; Tokyo: Springer, 1988.
(Schriftenreihe Medizinrecht)
ISBN-13: 978-3-540-18466-9   e-ISBN-13: 978-3-642-83258-1
DOI: 10.1007/ 978-3-642-83258-1
NE: Heiliger, Alfred:; Holzschneider, Herbert:

Gesamtherstellung: Appl, Wemding
2119/3140-543210

Vorwort

Mit der Enquete über die Versorgung psychisch Kranker in der
Bundesrepublik (1975) wurde eine weitgehende Reform der Psychiatrie eingeleitet. Darin wurde ein besonderes Gewicht auf die
ambulante und teilstationäre Behandlung gelegt. Andererseits
kann auch in einem solchen System umfassender psychiatrischer
Versorgung auf die geschlossene Unterbringung psychisch Kranker
nicht ausnahmslos verzichtet werden. Wann aber ist eine Zwangsunterbringung, anders ausgedrückt: wann ist der Entzug der persönlichen Freiheit unvermeidbar und unter welchen Voraussetzungen ist er gerechtfertigt?
Von Kritikern der gegenwärtigen Situation wurde darauf hingewiesen, daß viele Probleme und Schwierigkeiten in der Versorgung
psychisch Kranker nicht in der Psychiatrie selbst begründet sind,
sich vielmehr aus gesetzlichen Regelungen ergeben, die die Krankenhauseinweisung psychisch Kranker gegen ihren Willen betreffen und damit ihre Rechtsstellung berühren.
Die Erfahrung, daß durch öffentliche Gewalt Menschen ohne Ein-
schaltung eines mit rechtsförmlichen Garantien ausgestatteten
gerichtlichen Verfahrens ihrer Freiheit beraubt werden konnten,
trug wesentlich dazu bei, bereits im Grundgesetz der Bundesrepublik Deutschland, nicht nur im Grundrechtekatalog, das Grund-
recht auf Freiheit zu verankern, sondern darüber hinaus eine Vorschrift aufzunehmen, durch die das Mindestmaß der verfahrens-
mäßigen Garantien festgelegt wurde. Diese Bestimmungen über
die Mindestanforderung an das gerichtliche Prüfungsverfahren
blieben bis heute nicht unumstritten.
Ihre Ausführung wurde in Ländergesetzen unterschiedlich geregelt. Der Entzug der persönlichen Freiheit ist danach zulässig zum
Schutze der öffentlichen Sicherheit und Ordnung vor den von
einem psychisch Kranken ausgehenden Gefahren, andererseits aus
Gründen der Fürsorge, d.h. im wohlverstandenen Interesse des
Kranken und damit zu seinem Wohle. Beide Gesichtspunkte über-
schneiden sich hingegen nicht selten vor allem dann, wenn die
Gefahr sich gegen den Erkrankten selbst richtet. In jedem Fall aber
handelt es sich um Prognoseentscheidungen, die dadurch
erschwert werden, daß nicht ein normalerweise zu erwartendes,
sondern ein durch eine psychische Erkrankung gestörtes Verhalten
prognostiziert werden muß. Darin liegt die besondere Problematik.
Sie förderte in der Folgezeit die Tendenz, freiheitsentziehende

Maßnahmen aus Fürsorgegründen gegenüber jenen aus Gründen der Gefahrenabwehr immer größere Bedeutung beizumessen, allerdings nicht durchgehend und nicht einheitlich. Im Grunde war die Inkommensurabilität beider Gesichtspunkte stets gegenwärtig und erklärt die bis heute bestehenden Probleme und Schwierigkeiten im Umgang mit den „Unterbringungsgesetzen" der Länder, durch die zwangsweise Unterbringungen psychisch Kranker ihre gesetzliche Legitimierung erhalten. Dem Gedanken, den Entzug persönlicher Freiheit als eine Hilfsmaßnahme für den psychisch Kranken aufzufassen, wird der Gesichtspunkt der Gefahrenabwehr immer störend im Wege stehen, vor allem wegen seiner Nähe zu strafrechtlichen Gesichtspunkten. Dies um so mehr, als diese Nähe nicht zufällig besteht, sondern sich auf eine reale Grundlage zurückführen läßt. Dabei sollte man nicht übersehen, daß die rechtliche Problematik sich nicht nur aus dem Gegensatz Gefahrenabwehr - Fürsorge, sondern in gleicher Weise aus dem Gegensatz Freiheitsentzug - freiwillige Hilfe ergibt. Zu bedenken bleibt, daß auch der Fürsorgegedanke mißbraucht werden kann.

In Abänderung früherer Regelungen wurde in einem „Gesetz über Hilfen und Schutzmaßnahmen bei psychischen Krankheiten", das 1970 in Nordrhein-Westfalen in Kraft getreten ist, dem Fürsorgegedanken gegenüber polizei- und ordnungsrechtlichen Gesichtspunkten größere Bedeutung beigemessen. Doch anders als die weitgesteckten Ziele des Gesetzgebers erwarten ließen, hat die Quote der Zwangsunterbringungen seitdem nicht wesentlich abgenommen. Worauf war und ist eine solche Entwicklung zurückzuführen, welche Gründe sind dafür maßgeblich? Was könnte und sollte geschehen, um eine Umkehr in dieser Entwicklung zu bewirken?

Diese Fragen bildeten den Ausgangspunkt einer empirischen Untersuchung mit dem Ziel, die in einem Kalenderjahr (1983) durchgeführten Zwangsunterbringungsverfahren gemäß PsychKG NW in Köln genauer zu analysieren. Die aus dem umfangreichen Datenmaterial gewonnenen Ergebnisse werden in der vorliegenden Monographie erstmals veröffentlicht. Die Verfasser möchten damit ihren Beitrag leisten zu einer vorurteilsfreien, sachgerechten und kritischen Diskussion einer gleichermaßen medizinischen wie rechtlichen Problematik. Wie wir uns letztlich dazu stellen, wird über die künftigen Versorgungsstrukturen, wird insbesondere über den Umgang mit psychisch Kranken maßgeblicher entscheiden als die Einführung der einen oder anderen neuen Behandlungsmethode. In den Paragraphen zur Unterbringung psychisch Kranker sind auch die Gesetze über Hilfen und Schutzmaßnahmen bei psychischen Krankheiten Polizeigesetze geblieben. Für eine zeitgemäße Psychiatrie sollten sie damit eigentlich nicht mehr tragbar sein. Historisch gesehen das Ergebnis einer Vertrauenskrise, sollten sie durch die Entwicklung in unserem Lande längst eingeholt und heute überhaupt entbehrlich sein. Denken wir daran, daß in Ländern wie den USA, in England und der Schweiz – um nur einige Beispiele zu nennen – derartige Gesetze nicht existieren. Vorrangig bleibt, die Psychiatrie hierzulande auch weiterhin trotz der zu erwartenden enormen finanziellen Mehrbelastungen im Sinne der Enquete zu verändern. Gesetzliche Regelungen sollten sich nicht auf die Funktion beschränken, einen jeweils bestehenden Zustand zu legitimieren; sie sollten vielmehr den Weg für weitere Fortschritte öffnen. Aufkommende Zielkonflikte zwischen „offener Therapie" einerseits und dem Sicherungs- und Haftungsanspruch andererseits sollten in jedem Fall zugunsten der betroffenen Minderheit entschieden werden.

Die Verfasser danken allen, die an der Planung und Durchführung der umfangreichen empirischen Untersuchungen mitgewirkt haben. In Sonderheit den Verantwortlichen des Gesundheitsamts der Stadt Köln. Allen voran gebührt Frau Dr. I. Theisohn unser besonderer Dank. Sie hat durch ihre sachkundige und engagierte Einstellung und die Vielzahl ihrer Anregungen unsere Arbeit von Anfang an gefördert und unterstützt.

Für die Bereitschaft, uneingeschränkte Hilfe und Unterstützung zu gewähren, danken wir den Präsidenten des Landgerichts sowie der Amtsgerichte des Landgerichtsbezirks Köln. Nicht zuletzt soll Frau Dr. U. Christiansen erwähnt werden, die manche Hilfestellung bei der Ausarbeitung der Erhebungsbögen gegeben hat, die wir für unsere Arbeit benutzt haben.

Zu wünschen bleibt, daß das vorliegende Buch nun die Resonanz in einer breiten und interessierten Leserschaft findet, die es aufgrund der besonderen Aktualität der behandelten Thematik verdient. Möge sich daran eine lebhafte Diskussion entzünden, die uns weiterführt auf dem Wege zu einer menschenwürdigen Psychiatrie, die den Bedürfnissen psychisch Kranker in zeitgemäßen Formen der Versorgung Rechnung trägt.

Köln, November 1987   Die Autoren

Inhaltsverzeichnis

A. Vorbemerkungen

In dem Spannungsfeld zwischen Psychiatrie und Recht nimmt das Problem der Zwangsunterbringungen eine zentrale Stellung ein. Obwohl längst nachgewiesen ist, daß Gewalttaten bei psychisch Kranken nicht häufiger vorkommen als bei Gesunden, bestehen in unserer Gesellschaft immer noch erhebliche Vorurteile gegenüber diesen Menschen. Das führt zu ängstlichem Mißtrauen, zu Distanzierung und Ausgrenzung – auch mit Hilfe gesetzlicher und administrativer Maßnahmen.

Ein durchgreifender Wandel ist nicht zu erwarten, solange tradierte Normen aufrechterhalten werden. Hier sind Psychiater und Juristen gleichermaßen gefordert. Viele Probleme in der Versorgung psychisch Kranker sind nicht in der gegenwärtigen Situation der Psychiatrie selbst begründet, sie ergeben sich vielmehr aus gesetzlichen Regelungen, die die Krankenhauseinweisungen psychisch Kranker gegen ihren Willen betreffen und die damit ihre Rechtsstellung berühren; sie ergeben sich v.a. aber auch aus der Anwendungspraxis dieser Gesetze (Bergener, s. Literaturverzeichnis).

In dem Bericht zur Lage der Psychiatrie in der Bundesrepublik Deutschland, der 1975 dem Deutschen Bundestag zugeleitet wurde, wird in Kap. D. 6. die Reformbedürftigkeit des Unterbringungsrechts und die Notwendigkeit sorgfältiger Analysen zu diesem Problem betont.

Die 1974 eröffnete Rheinische Landesklinik Köln entspricht als psychiatrisches Behandlungszentrum mit Institutsambulanz, Tagesklinik und rehabilitativen Diensten den Leitlinien der Enquete für eine gemeindenahe psychiatrische Versorgung. Der Anteil zwangsweiser Unterbringungen sollte möglichst niedrig gehalten werden. Auf Initiative von Bergener wurde bereits Anfang 1975 eine Arbeitsgruppe mit Richtern des Landgerichts Köln, der Amtsgerichte des Landgerichtsbezirks Köln, mit Mitarbeitern des Gesundheitsamtes und der Ordnungsbehörden sowie Ärzten der Rheinischen Landesklinik ins Leben gerufen. In 2mal jährlich stattfindenden Konferenzen wurden besonders die vielschichtigen Probleme des nordrhein-westfälischen Gesetzes über Hilfen und Schutzmaßnahmen bei psychischen Krankheiten (PsychKG) behandelt.

Die positiven Erfahrungen interdisziplinärer Zusammenarbeit, die in Arbeitsprojekten der Evangelischen Akademie in Hofgeismar zum Thema Freiheitsentziehung und soziale Hilfe 1973/1974 gemacht wurden, bestätigten sich in der Kölner Arbeitsgruppe.

Der Mangel an fundiertem Material über die Anwendungspraxis des PsychKG führte schließlich zu der Anregung einer entsprechenden Untersuchung für die Großstadt Köln. Frühere Untersuchungen aus anderen Regionen hatten sich eher mit Einzelaspekten der Unterbringungsproblematik befaßt und durch teilweise widersprüchliche Aussagen zur Vermehrung von Mißverständnissen geführt.

Die vorliegende Arbeit hat es sich zum Ziel gesetzt, anhand einer umfassenden empirischen Untersuchung und einer Analyse des gewonnenen Datenmaterials zur Klärung beizutragen.

B. Historischer Rückblick

Im Rahmen geschichtlicher Entwicklungen und sozialer Umstrukturierungen wurden psychisch Kranke im Verlaufe des 17. und 18. Jahrhunderts zu einem Problem für die Gesellschaft.

Die Sichtweise psychisch Kranker als „unberechenbare und gemeingefährliche Wesen" bewirkte, daß in zunehmendem Maße gesetzliche und administrative Regelungen geschaffen wurden, die zur Abwehr vermeintlicher von diesen Kranken ausgehender Gefährdungen dienen sollten. Die Intention dieser staatlichen Regelungen zielte weniger auf Fürsorge und Hilfe für die Kranken ab, sondern diente unter ordnungspolizeilichen Gesichtspunkten der Gefahrenabwehr für die „öffentliche Sicherheit und Ordnung".

Eine erste Regelung brachte das „Allgemeine Landrecht für die preußischen Staaten (ALR)" von 1794, das aus der Generalklausel des § 10 II, 17 ALR ein behördliches Vorgehen auch gegen psychisch Kranke herleitete.

„Die nötigen Anstalten zur Erholung der öffenlichen Ruhe, Sicherheit und Ordnung und zur Abwendung der dem Publico oder einzelnen Mitgliedern desselben bevorstehenden Gefahren zu treffen, ist Amt der Polizei."

Dieser Generalklausel fehlte zwar eine besondere Ermächtigungsgrundlage zum Vorgehen gegen psychisch Kranke; sie entsprach aber der damaligen Rechtsauffassung, nach der in einer gesetzlichen Zuweisung einer Aufgabe auch die Ermächtigung zu deren Durchführung lag.

In einem „Rescript des Staatsrates vom 29.9.1803" wurde ausdrücklich festgelegt, daß die Ortspolizeibehörde das Recht und die Pflicht habe, die Allgemeinheit gegen „Ausbrüche von Wahn- und Blödsinnigen zu sichern". Als Sicherungsmaßnahme war die Verbringung der psychisch Kranken in eine „Irrenanstalt" vorgesehen; allerdings mußte der Zwangsunterbringung eine gerichtliche „Wahn- oder Blödsinnigkeitserklärung" voraufgehen. Dieses „Rescript" und eine „Allerhöchste Ordre" vom 5.4.1804 sollten insbesondere verhindern, daß ungerechtfertigterweise eine Zwangsunterbringung verfügt wurde. Ein „competentes Gericht" sollte einbezogen werden, „damit dasselbe nach Vorschrift der Gesetze die sorgfältige Untersuchung verfügen und darüber erkennen könne, weil unter keinem Vorwande irgendein Gemütskranker, der nicht durch gerichtliche Erkenntnis dafür erklärt ist, in den zu deren Aufnahme bestimmten Anstalten behalten werden" dürfe.

Der Gedanke der Gefahrenabwehr, der sich im „Allgemeinen Landrecht für die preußischen Staaten" fand, dominierte auch im „preußischen Polizeiverwaltungsgesetz (PVG)" von 1931. So enthielt auch das preußische Polizeiverwaltungsgesetz in seinem § 14 eine Gefahrenabwehrgeneralklausel, die der des allgemeinen preußischen Landrechts entsprach.

Durch die Vorschriften des Artikels 114 der Weimarer Reichsverfassung erfuhr diese Generalklausel Einschränkungen, wonach „eine Beeinträchtigung oder Entziehung der persönlichen Freiheit durch die öffentliche Gewalt ... nur aufgrund eines Gesetzes zulässig" war.

In § 15 Polizeivollzugsgesetz wurde festgelegt, daß Personen dann in polizeiliche Verwahrung genommen werden durften, wenn diese Maßnahme erforderlich war

a) zum eigenen Schutze dieser Personen,
b) zur Beseitigung einer bereits eingetretenen Störung der öffentlichen Sicherheit oder Ordnung oder zur Abwehr einer unmittelbar bevorstehenden polizeilichen Gefahr, falls die Beseitigung der Störung oder die Abwehr der Gefahr auf andere Weise nicht möglich ist.

Obwohl die ausdrückliche Erwähnung des eigenen Schutzes von Einzelpersonen Interpretationen im Sinne fürsorgerischer Gesichtspunkte zuließ, war der Gesichtspunkt einer Gefahrenabwehr für die öffentliche Sicherheit und Ordnung vorrangig.

Während der Zeit des „Dritten Reiches" behielt das preußische Polizeivollzugsgesetz seine Geltung.

Die in der Weimarer Reichsverfassung garantierten Grundrechte wurden durch die Notverordnung des Reichspräsidenten Hindenburg „zum Schutz von Volk und Staat" vom 28.2.1933 weitgehend aufgehoben; eine in der Notverordnung enthaltene Generalklausel setzte rechtsstaatliche Kontrollen außer Kraft.

Diese Aufweichung der rechtsstaatlichen Ordnung ermöglichte die Verhängung von „Schutzhaft" und die Vernichtung psychisch kranker Menschen.

Die bitteren Erfahrungen während der Zeit des nationalsozialistischen Regimes veranlaßten den Parlamentarischen Rat bei der Ausarbeitung des Grundgesetzes für die Bundesrepublik Deutschland einen Grundrechtekatalog zu schaffen, der in Artikel 2, Abs. 2, Satz 2 und 3 GG ausdrücklich die Freiheit der Person garantiert.

Weiter wurden mit dem Artikel 104 GG verfassungsmäßig verankerte Rechtsgarantien bei freiheitsentziehenden Maßnahmen gegeben. Freiheitsentziehende Maßnahmen bei psychischen Erkrankungen waren in Artikel 104 GG allerdings nicht besonders berücksichtigt worden. Dieser Bereich sollte in einem geplanten „Irrenfürsorgegesetz" geregelt werden. Eine bundeseinheitliche Regelung kam aber nicht zustande; in den darauffolgenden Jahren verabschiedeten einzelne Bundesländer dann eigene Gesetze zur Regelung der Unterbringung psychisch Kranker.

Am 1. Januar 1957 trat in Nordrhein-Westfalen das „Gesetz über die Unterbringung Geisteskranker, Geistesschwacher und suchtkranker Personen" vom 16.10.1956 (LUG) in Kraft; dieses Gesetz regelte freiheitsentziehende Maßnahmen bei psychisch Kranken im Sinne von Artikel 104, Abs. 1, Satz 1 GG. Auch das LUG betrachtete die Unterbringung psychisch Kranker vorwiegend unter ordnungsrechtlichen Gesichtspunkten der Gefahrenabwehr; fürsorgerische Aspekte wurden auch in dem Landesunterbringungsgesetz außer acht gelassen.

Diese fanden erst Berücksichtigung in dem „Gesetz über Hilfen und Schutzmaßnahmen bei psychischen Krankheiten (PsychKG)", das der Landtag von Nordrhein-Westfalen am 2.12.1969 verabschiedete und das am 1.1.1970 in Kraft trat.

C. Darstellung des Gesetzes über „Hilfen und Schutzmaßnahmen bei psychischen Krankheiten (PsychKG NW)"

Das Wissen um zunehmende Effizienz psychiatrischer Therapie und verbesserte Möglichkeiten der Prävention und Rehabilitation fand in den 60iger Jahren Eingang in gesundheitspolitische Überlegungen zur Reform der Unterbringungsgesetzgebung.

Das Landesunterbringungsgesetz von Nordrhein-Westfalen als reines „Verwahrungsgesetz" sollte abgelöst und durch eine fortschrittliche Regelung ersetzt werden.

Hilfen für psychisch Kranke sollte mehr Gewicht beigemessen werden, eine Loslösung des Unterbringungsrechts vom Polizei- und Ordnungsrecht sollte erreicht werden.

Der Ausschuß für Soziales und Gesundheit legte nach Beratungen mit Sachverständigen im Frühjahr 1968 einen Gesetzesentwurf vor, dem das Landeskabinett zustimmte und der dem Landtag von Nordrhein-Westfalen zur Beschlußfassung vorgelegt wurde. Nach Überarbeitung wurde das Gesetz im November 1969 vom Landtag verabschiedet.

Nach Verkündigung am 12.12.1969 trat das „Gesetz über Hilfen und Schutzmaßnahmen bei psychischen Krankheiten (Psych KG NW)" am 1.1.1970 in Kraft.

Das Gesetz regelt (§ 1 Anwendungsbereich):

1. die Hilfen für psychisch Kranke, die Personen gewährt werden, bei denen Anzeichen einer psychischen Störung, einer Psychose, einer Suchtkrankheit oder eines Schwachsinns bestehen oder die an einer dieser Störungen oder Erkrankungen leiden oder gelitten haben,
2. die Anordnung von Maßnahmen durch das Gesundheitsamt für Personen, bei denen Anhaltspunkte für eine Selbst- oder Allgemeingefährdung auf Grund einer Psychose, einer psychischen Störung, die in ihrer Auswirkung einer Psychose gleichkommt, einer Suchtkrankheit oder eines Schwachsinns bestehen, und
3. die Unterbringung von Personen, die an einer Psychose, einer psychischen Störung, die in ihrer Auswirkung einer Psychose gleichkommt, einer Suchtkrankheit oder an Schwachsinn leiden und dadurch sich selbst oder die Allgemeinheit erheblich gefährden, sowie das in Ausführung des Artikels 104 des Grundgesetzes zu beachtende gerichtliche Verfahren.

In seinem Aufbau gliedert sich das Gesetz neben allgemeinen Bestimmungen in 3 große Abschnitte:

- vorsorgende Hilfe für psychisch Kranke (§§ 7 und 8 Psych KG NW),
- Unterbringung mit anzuwendenden Verfahrensvorschriften (§§ 10-33 PsychKG NW),
- nachgehende Hilfe für psychisch Kranke (§§ 34-36 Psych KG NW).

Schon die Überschrift des Gesetzes zeigt, daß Fürsorgegedanken große Bedeutung zugemessen wird.

Hilfen für psychisch Kranke werden als eine öffentliche Aufgabe angesehen; die

Bereitstellung der Hilfsmaßnahmen, auf die der Kranke einen Rechtsanspruch hat, wird den örtlichen Gesundheitsbehörden übertragen.

Durch ein umfassendes Angebot an vorsorgenden und nachgehenden Hilfen soll jeder psychisch Kranke individuell betreut werden können. Es soll erreicht werden, daß er durch ärztlich geleitete Maßnahmen in die Lage versetzt wird, ein der Gemeinschaft angepaßtes Leben zu führen.

Eine Verschlechterung seines Befindens soll rechtzeitig erkannt werden können und der Kranke nach Möglichkeit freiwillig einer ärztlichen Behandlung zugeführt werden.

Zwangsunterbringungen könnten somit weitgehend vermieden werden.

Im Zusammenhang mit dem Fürsorgegedanken ist auch die ausdrückliche Regelung einer ärztlichen Heilbehandlung zu sehen, die in § 26 PsychKG NW gesetzlich festgelegt wurde.

Die Bestimmungen zum Bereich „Unterbringung" nehmen den weitaus größten Teil des Gesetzes ein.

Im § 11 PsychKG NW werden die Voraussetzungen der Unterbringung aufgeführt:

(1) Die Unterbringung von Personen, die an einer Psychose, einer psychischen Störung, die in ihrer Auswirkung einer Psychose gleichkommt, einer Suchtkrankheit oder an Schwachsinn leiden, ist nur zulässig, wenn und solange durch ihr krankhaftes Verhalten gegen sich oder andere eine gegenwärtige Gefahr der öffentlichen Sicherheit oder Ordnung besteht, die nicht anders abgewendet werden kann.
Die Unterbringung ist auch dann zulässig, wenn nach dem krankhaften Verhalten eine nicht anders abwendbare gegenwärtige Gefahr besteht, daß die betroffene Person Selbstmord begeht oder sich selbst erheblichen gesundheitlichen Schaden zufügt.
Die fehlende Bereitschaft, sich behandeln zu lassen, rechtfertigt für sich allein keine Unterbringung.

Besondere Verfahrensvorschriften regeln die Durchführung der Unterbringung (§§ 17–19 PsychKG NW).

Nach § 17 PsychKG NW (sofortige Unterbringung) kann in dringlichen Fällen die örtliche Ordnungsbehörde ohne vorherige Anordnung des zuständigen Gerichts eine Zwangsunterbringung vornehmen:

(1) In Fällen, die eine sofortige Unterbringung notwendig machen, kann die örtliche Ordnungsbehörde diese ohne vorherige gerichtliche Entscheidung vornehmen, wenn ein ärztliches Zeugnis über einen Befund vorliegt, der nicht älter als vom Vortage ist. Will die örtliche Ordnungsbehörde in der Beurteilung über die Voraussetzungen für eine sofortige Unterbringung von einem vorgelegten ärztlichen Zeugnis abweichen, hat sie das Gesundheitsamt zu beteiligen.
(2) Nimmt die örtliche Ordnungsbehörde eine sofortige Unterbringung vor, ist sie verpflichtet, unverzüglich beim Amtsgericht einen Antrag auf Unterbringung zu stellen. Ist die Unterbringung und deren sofortige Wirksamkeit nicht bis zum Ablauf des auf den Beginn der sofortigen Unterbringung folgenden Tages durch das Gericht angeordnet, so ist die betroffene Person durch den Leiter des Krankenhauses oder der Anstalt, bei Krankenhäusern oder Anstalten mit selbständigen Abteilungen durch den leitenden Abteilungsarzt zu entlassen.

Auch das Unterbringungsverfahren nach § 18 PsychKG NW (einstweilige Unterbringung) gilt praktisch nur für Eilfälle.

(1) Sind dringende Gründe für die Annahme vorhanden, daß die Voraussetzungen für die Unterbringung vorliegen, so kann das Gericht die einstweilige Unterbringung bis zu einer Dauer von längstens 2 Monaten anordnen, wenn und solange

(a) dies zur Vorbereitung eines Gutachtens über den Gesundheitszustand der Person, die untergebracht werden soll, oder zur Erhebung anderer Beweise erforderlich ist, oder

(b) das Gericht auf Grund der vorhandenen Beweismittel eine nur vorübergehende Unterbringung für nötig erachtet, eine unverzügliche Unterbringung aber notwendig ist.

Zwangsunterbringungen nach § 19 PsychKG NW machen den längsten Verfahrensgang durch; der Gesetzgeber hat für diese Verfahren den Begriff „sonstige Unterbringung" gewählt, um den Ausdruck „endgültige Unterbringung" zu vermeiden:

Abgesehen von Fällen der einstweiligen Unterbringung darf das Gericht die Unterbringung nur anordnen, nachdem ein Gutachten eines in der Psychiatrie erfahrenen Arztes, der den Unterzubringenden untersucht hat, und eine Stellungnahme des Gesundheitsamtes eingeholt sind.

D. Fragestellung, Material und Methode

Das Gesetz über „Hilfen und Schutzmaßnahmen bei psychischen Krankheiten (PsychKG NW)", das 1970 das Landesunterbringungsgesetz in Nordrhein-Westfalen ablöste, sollte zu einer verbesserten Versorgung psychisch Kranker beitragen.

In der Anwendungspraxis des Gesetzes, insbesondere bei der Anwendung der Unterbringungsbestimmungen, ergaben sich Schwierigkeiten und Probleme.

Der seit 1974 in Köln bestehende interdisziplinäre Arbeitskreis von Richtern und Psychiatern hat sich intensiv mit dieser Materie beschäftigt. Dabei wurde u.a. auch das Fehlen fundierten empirischen Materials zum Thema „Zwangsunterbringungen" festgestellt.

Eine der Absichten bei der Reform der Unterbringungsgesetzgebung war es, die Rate der Zwangseinweisungen psychisch Kranker zu senken.

Ausgehend von einer Zwangsunterbringungsrate von 10% nach dem Landesunterbringungsgesetz erhoffte man sich von den im PsychKG NW festgeschriebenen Hilfen eine Absenkung der Zwangsunterbringungsquote.

Entgegen den Erwartungen stieg die Zahl der Unterbringungsverfahren jedoch an.

Für die Rheinische Landesklinik Köln lag die Quote der Unterbringungsverfahren nach PsychKG NW 1983 bei 22,2%.

Diese Entwicklung ist um so erstaunlicher, weil gerade in Köln wegen eines umfassenden Hilfsangebots (Ambulanz der Rheinischen Landesklinik Köln, Kontaktstellen, Laienhelfergruppen, therapeutische Wohngemeinschaften, Patientenklubs) und enger Zusammenarbeit der Rheinischen Landesklinik Köln mit dem Amtsgericht Köln und dem Gesundheitsamt der Stadt Köln ein Absinken der Zwangsunterbringungsrate erwartet worden war.

Auch bei Berücksichtigung epidemiologischer Studien, in denen die Anzahl der Zwangseinweisungen auf die Einwohnerzahl des Versorgungsbereichs bezogen wird, ergibt sich für die Stadt Köln und den Versorgungsbereich der Rheinischen Landesklinik Köln die hohe Zahl von 114 Zwangseinweisungen pro 100 000 Einwohner.

Nach Erhebungen Ende der 70er Jahre über den Anteil der Zwangsunterbringungen gemessen an der Gesamtzahl der Aufnahmen in versorgungspflichtigen psychiatrischen Kliniken ergab sich eine Spannweite von 4–61% in den Landeskliniken von NRW.

Zieht man in Betracht, daß diesen Zahlen unterschiedliche Rahmenbedingungen zugrunde gelegen haben und daß unterschiedliche Vergleichsmaßstäbe angewandt wurden, ergibt sich die Notwendigkeit, anhand einer größeren empirischen Untersuchung weitere Aufschlüsse über Unterbringungsverfahren nach PsychKG NW zu erhalten.

Die vorliegende, an der Rheinischen Landesklinik Köln durchgeführte Untersuchung hat es sich zum Ziel gesetzt, die Unterbringungsverfahren nach PsychKG NW im Jahre 1983 in Köln zu analysieren.

Es handelte sich bei den Klinikneuzugängen um 927 Unterbringungsverfahren nach PsychKG NW, die 22,2% der insgesamt 4159 Neuzugänge ausmachten.

Von diesen Verfahren konnten 890 untersucht werden, eine Quote, die mit 96% die Bedingungen einer Totalerhebung erfüllt.

In der Untersuchung sind darüber hinaus noch 188 Unterbringungsverfahren von Patienten enthalten, die ursprünglich auf der Rechtsgrundlage einer Freiwilligkeitserklärung stationär in der Rheinischen Landesklinik Köln behandelt wurden, bei denen aber wegen auftretender Gefährdungsaspekte die Einleitung eines Unterbringungsverfahrens nach PsychKG NW erforderlich wurde.

Die insgesamt 1078 Unterbringungsverfahren nach PsychKG NW wurden einer Sekundäranalyse unterzogen; zugrunde gelegt wurde die Krankengeschichte der Rheinischen Landesklinik, zusätzlich wurde auf Unterlagen des Amtsgerichts Köln und des Gesundheitsamts der Stadt Köln zurückgegriffen.

Für die Untersuchung wurde ein Fragebogen entwickelt (s. Anhang), der alle relevanten Untersuchungsaspekte berücksichtigte und als standardisierte Basis eine Vergleichbarkeit der Daten gewährleistete.

Dieser Fragebogen gliedert sich auf in mehrere Teilbereiche: Es werden soziodemographische Daten erfaßt, weiter Daten zur psychiatrischen Vorgeschichte des Patienten, zu den Umständen der Unterbringung nach PsychKG NW, zur Verfahrenspraxis, zum Krankheitsbild und zur Nachbetreuung.

Das anonymisierte Datenmaterial wurde im Institut für numerische Statistik (IFNS, 5000 Köln 40) aufgearbeitet und in Form von Randauszählungen ausgrdruckt.

Diese Randauszählungen wurden analysiert; die Ergebnisse der Analysen werden im folgenden Kapitel dargestellt.

E. Ergebnisse

1 Darstellungsmethode, Analyseebenen

Die Ergebnisse der Analyse der Unterbringungen nach PsychKG beziehen sich auf Patienten der Rheinischen Landesklinik Köln-Merheim, bei denen im Untersuchungszeitraum 1.1.1983 bis 31.12.1983 ein Unterbringungsverfahren eingeleitet wurde, unabhängig vom Datum der stationären Aufnahme oder Entlassung. Dokumentationsanlaß war jeweis der Antrag auf sofortige Unterbringung, den die Ordnungsbehörde beim Amtsgericht stellt und dem das ärztliche Zeugnis zugrunde liegt. Hinzu kommt die kleine Zahl der Fälle, in denen das Amtsgericht ohne vorhergehende sofortige Unterbringung auf Antrag die einstweilige Unterbringung beschließt.

Von den Unterbringungsverfahren der Rheinischen Landesklinik Köln wurden 1078 mit den oben beschriebenen Methoden untersucht. Darin enthalten sind sowohl die zwangsweisen Aufnahmen als auch die Unterbringungen, die aus zunächst freiwilliger Behandlung heraus entstanden (17,3% aller PsychKG-Verfahren). Die im folgenden kurz als Fälle bezeichneten 1078 Unterbringungsverfahren verteilten sich auf 883 Patienten, da einige Patienten (n = 120) im Untersuchungsjahr mehrfach zwangsweise untergebracht werden mußten – im Einzelfall bis zu 10mal. Auf diese als Repetenten bezeichneten 120 Patienten bezogen sich insgesamt 315 Unterbringungsfälle.

Bei der Darstellung der Patientenstrukturdaten wird auf den Patienten als Analyseeinheit Bezug genommen. Wenn ein Patient im Untersuchungsjahr 1983 mehrfach zwangsuntergebracht wurde, so werden die personenbezogenen Daten zum Zeitpunkt seines 1. Aufenthalts zur Grundlage der Auswertung gemacht. Bei der Darstellung der Unterbringungsverfahren und der Verfahrenspraxis wird dagegen auf den Fall als Analyseeinheit Bezug genommen. Im Hinblick auf etwaige Vergleiche mit anderen Untersuchungen aus stationär-psychiatrischen Bereichen ist zu beachten, daß die jeweilige Analyseebene klar definiert ist. Werden Patienten und Fälle unterschiedslos miteinander verglichen, besteht die Gefahr, daß die sog. Repetenten mit ihrem typischen Merkmalsprofil besonders im Bereich der Patientenstrukturdaten zu Verfälschungen führen.

2 Allgemeine Randauszählung

2.1 Einzugsbereich der Rheinischen Landesklinik Köln

Der Einzugsbereich bzw. das Pflichtversorgungsgebiet der Rheinischen Landesklinik Köln (RLK) ist nicht identisch mit den Stadtgrenzen von Köln. Die Stadt Köln mit ihren 997205 Einwohnern ist in 9 Stadtbezirke eingeteilt. Gemäß der Zuordnung durch den Landschaftsverband Rheinland gehören die Einwohner des Stadtbezirks 2 (Rodenkirchen mit 92679 Einwohnern) zum Einzugsbereich der Landesklinik Bonn und die Einwohner des Stadtbezirks 6 (Chorweiler mit 70130 Einwohnern) zum Einzugsgebiet der Landesklinik Langenfeld. Eine besondere Regelung besteht darüber hinaus für die ab 60jährigen Einwohner des Stadtbezirks 5 (Nippes), die ebenfalls zum Versorgungsgebiet der Landesklinik Langenfeld gehören. Die Zahl dieser über 60jährigen Einwohner des Stadtbezirks 5 beträgt 24352.

Für die RLK verbleibt ein Einzugsbereich von 810044 Einwohnern.

Es empfiehlt sich, aus der solchermaßen definierten Gesamteinwohnerzahl des Einzugsbereichs noch die unter 15jährigen herauszunehmen, da diese Kinder und Jugendlichen nicht in der Erwachsenenpsychiatrie der RLK untergebracht würden.

Nach dieser Berechnung bleibt die RLK für 702484 Einwohner versorgungspflichtig.

2.2 Vergleich der Stadtbezirke

Die Stadtbezirke sind die kleinsten räumlichen Einheiten, für die aus der amtlichen Statistik der Stadt Köln Daten über die Bevölkerungsstruktur zur Verfügung stehen. Auf dieser Basis lassen sich Vergleiche zwischen Patientenzusammensetzung und Wohnbevölkerung anstellen. Aus Tabelle 1 ergeben sich so tendenzielle Versorgungsschwerpunkte für die einzelnen Stadtbezirke.

Tabelle 1. Unterbringungen (Patienten/Fälle) und Einwohner (ab 15 Jahre) auf Stadtbezirksebene

Bezirk	Einwohner		Patienten		Fälle	
	n	[%]	n	[%]	n	[%]
1 Innenstadt	125844	(17,9)	161	(20,7)	202	(21,3)
3 Lindenthal	119178	(17,0)	70	(9,0)	91	(9,6)
4 Ehrenfeld	83693	(11,9)	115	(14,8)	135	(14,2)
5 Nippes[a]	74834	(10,7)	89	(11,4)	110	(11,6)
7 Porz	81861	(11,6)	51	(6,6)	58	(6,1)
8 Kalk	93226	(13,3)	149	(19,1)	181	(19,1)
9 Mülheim	123848	(17,6)	143	(18,4)	172	(18,1)
Einzugsbereich	702484	(100)	778	(100)	949	(100)

[a] Unter 60jährige Einwohner und Patienten.

In diesem pauschalen Vergleich von Unterbringungen und Einwohnern macht es noch keinen wesentlichen Unterschied, ob man sich auf Patienten oder auf Fälle bezieht. Erst wenn sich Vergleiche auf spezielle Merkmale des Patienten oder des Verfahrens beziehen, ergeben sich je nach Analyseperspektive unterschiedliche Vergleichsergebnisse.

Die aufgrund ihrer Sozialstruktur als Problembereiche zu bezeichnenden Stadtbezirke Innenstadt, Ehrenfeld und Kalk sind insgesamt mit einem überdurchschnittlichen Anteil an den Unterbringungen beteiligt. Dort wohnen 43,1% der Bevölkerung des Gesamteinzugsbereichs, aber es kommen 54% der Patienten mit Unterbringungsverfahren dorther.

Im Stadtbezirk Lindenthal mit eher bevorzugtem Wohngebiet leben 17% der Einwohner des Einzugsgebiets, von dort kommen aber nur 9,6% der Unterbringungsfälle.

Betrachtet man die Gesamtzahl der untersuchten Patienten mit Unterbringungsverfahren (n = 883), so zeigt sich, daß lediglich 1% aus Kölner Stadtbezirken kommt, die nicht zum Einzugsbereich der Rheinischen Landesklinik Köln gehören. Die Grenzen der Versorgungsgebiete werden also von allen Beteiligten respektiert.

Außerdem wohnen 7% der Patienten außerhalb Kölns, sowohl in der BRD als auch im Ausland. Es handelt sich um Menschen, die sich auf der Durchreise, während eines Besuchs oder arbeits- bzw. studienbedingt vorübergehend in Köln aufhalten. Von den in dieser Zahl enthaltenen Ausländern werden jene Ausländer unterschieden, die in Köln leben und wohnen.

2.3 Soziodemographische Merkmale

Die bisher nur ansatzweise vorliegende empirische Forschung zur Erklärung von Zwangsunterbringungen beschäftigt sich mit der Frage, welche Rolle demographische Merkmale und soziale Situation eines Patienten beim Zustandekommen einer Zwangsunterbringung spielen. Die bisherigen Ergebnisse sind schon aus methodischen Gründen schwer vergleichbar.

An einem sozialpsychiatrisch selektierten Patientengut in Frankfurt wurde eine höhere Unterbringungsrate in der Unterschicht sowie außerdem bei isoliert lebenden Patienten gefunden. Eine Durchsicht der Unterbringungsanträge in der Großstadt Essen zeigte eine höhere Unterbringungsrate für Männer. Eine vergleichende Untersuchung aus Hamburg von 1973 ergab, daß hohes Alter, soziale Isolation, schlechte Wohngegend und Nationalität nicht stärker mit Zwangsunterbringungen assoziiert waren als mit freiwilliger stationärer psychiatrischer Behandlung. Die Arbeitslosen waren bei den Zwangsunterbringungen überrepräsentiert. In Mitteilungen über den Hamburgischen Psychiatrischen Notdienst wird von der „relativen Nebensächlichkeit sozialer Faktoren" gesprochen.

Insgesamt ergibt sich aus der Literatur ein uneinheitliches Bild. Es stellt sich letztlich die Frage, ob gehäufte Zwangsunterbringungen in den unteren Sozialschichten auch als Folge eines krankheitsbedingten sozialen Abstiegs gedeutet werden können und nicht als ursächliche Erklärung in Anspruch genommen werden müssen.

In dieser Untersuchung soll empirisch belegt werden, welche soziodemographischen Merkmale mit Zwangseinweisung statistisch assoziiert sind. Die konkrete Frage lautet: Gibt es typische Merkmalsprofile für Patienten mit Unterbringungsverfahren?

2.3.1 Geschlechtsverteilung

In der Kölner Bevölkerung besteht ein Geschlechtsverhältnis von 48,3% männlichen und 51,7% weiblichen Einwohnern.

Die Relation bei den Patienten der RLK die 1983 von einem oder mehreren Unterbringungsverfahren betroffen waren, beträgt 50,7% für die männlichen und 49,3% für die weiblichen Patienten (Tabelle 2).

Bei einem Vergleich bezogen auf Fälle – und nicht im oben definierten Sinne auf Patienten – vergrößert sich der Abstand: 52,5% der Unterbringungsfälle bezogen sich auf Männer und 47,5% auf Frauen. Aufgrund dieser Verschiebung läßt sich schon erkennen, daß sich unter den sog. Repetenten vermehrt Männer befinden. Insgesamt ist die Aussage zulässig, daß die Indikation zur Unterbringung weitgehend unabhängig vom Geschlecht gestellt wird.

2.3.2 Altersstruktur

Ein Vergleich des Altersaufbaus der Kölner Bevölkerung mit dem Altersaufbau der Patienten ist in Tabelle 3 wiedergegeben. Es wurde auf die ab 15jährigen Einwohner Bezug genommen (n = 864 924).

Die Unterbringungspatienten sind im Vergleich zur Kölner Bevölkerung in 2 Altersgruppen überrepräsentiert: bei den 20- bis unter 35jährigen (und dort besonders bei den 20- bis unter 25jährigen) und andererseits bei den ab 75jährigen (und dort besonders bei den über 85jährigen). Eine deutliche Unterrepräsentanz zeigt sich bei den 60- bis unter 65jährigen Patienten.

Der Geschlechtsvergleich der Altersstruktur ergibt, daß die männlichen Unterbringungspatienten durchschnittlich etwa 5 Jahre jünger sind als die weiblichen. Nur in der zahlenmäßig kleineren Gruppe der bis 20jährigen ist der Anteil der weiblichen Unterbringungspatienten fast doppelt so hoch wie derjenige der männlichen. Die Männer überwiegen dagegen besonders bei den 25- bis 35jährigen.

Tabelle 2. Geschlechtsverteilung in der Kölner Bevölkerung und bei Zwangsunterbringungen (Patienten und Fälle)

Geschlecht	Bevölkerung		Patienten		Fälle	
	n	[%]	n	[%]	n	[%]
Männlich	481 384	(48,3)	448	(50,7)	566	(52,5)
Weiblich	515 821	(51,7)	435	(49,3)	511	(47,4)
Keine Angabe					1	(0,1)
Gesamt	997 205	(100)	883	(100)	1078	(100)

Tabelle 3. Altersstruktur (Fünfjahresschritte) bei der Kölner Bevölkerung und bei Patienten (ab 15 Jahre)

Alter in Jahren	Einwohner		Patienten		Fälle	
	n	[%]	n	[%]	n	[%]
15–19	75215	(8,7)	29	(3,3)	37	(3,4)
20–24	91264	(10,6)	118	(13,5)	162	(15,2)
25–29	86525	(10,0)	109	(12,4)	146	(13,6)
30–34	76417	(8,8)	97	(11,0)	112	(10,4)
35–39	69055	(9,0)	76	(8,6)	98	(9,1)
40–44	83124	(9,6)	82	(9,3)	95	(8,8)
45–49	77054	(8,9)	71	(8,1)	82	(7,6)
50–54	59178	(6,8)	67	(7,6)	85	(7,9)
55–59	57806	(6,7)	49	(5,6)	62	(5,8)
60–64	52053	(6,0)	34	(3,9)	38	(3,5)
65–69	34057	(3,9)	22	(2,5)	23	(2,1)
70–74	42023	(4,9)	43	(4,9)	46	(4,3)
75–79	33154	(3,8)	38	(4,3)	39	(3,6)
80–84	18512	(2,1)	22	(2,5)	23	(2,1)
85–89	7323	(0,8)	21	(2,4)	22	(2,1)
90 und älter	2164	(0,2)	4	(0,5)	4	(0,4)
Unbekannt	–	–	1	(0,1)	1	(0,1)
Gesamt	864924	(100)	883	(100)	1075	(100)

Das höhere Durchschnittsalter der weiblichen Patienten beruht auf dem größeren Anteil der Frauen bei den über 60jährigen (10,1% Männer, 18,4% Frauen).
Bezüglich Sozialdaten, Diagnosen und Unterbringungsanlässen bzw. -abläufen gibt es naturgemäß altersabhängige Merkmalsausprägungen, so daß viele Unterschiede zwischen männlichen und weiblichen Patienten wesentlich durch das höhere Alter der Frauen mitbeeinflußt sind. Dieser Umstand begünstigt das Entstehen von Scheinkorrelationen und muß daher bei der Interpretation der Ergebnisse berücksichtigt werden.

2.3.3 Nationalität

In der Öffentlichkeit wird zuweilen die Ansicht vertreten, Ausländer, besonders Gastarbeiter und ihre Familien, würden medizinisch und gerade auch psychiatrisch schlechter versorgt als die Einheimischen.
Nach einer Auswertung der Krankenunterlagen aller Ausländer in Niedersachsen, die sich zwischen 1975 und 1983 erstmals in stationärer Behandlung befanden, kamen 26% der ausländischen Patienten nicht freiwillig, bei den Deutschen lag die Rate bei 10%. Als Erklärung wird angegeben, daß ausländische Patienten erst dann in eine psychiatrische Klinik eingewiesen würden, wenn sich die Erkrankung schon krisenhaft zugespitzt habe und dann oft kein Weg mehr an einer Zwangsunterbringung vorbeiführe. Als besondere Merkwürdigkeit wurde noch mitgeteilt, daß türkische Frauen bei Zwangsunterbringungen überrepräsentiert sind.
Der Ausländeranteil an der Kölner Bevölkerung beträgt 14,4% (143316 von

997 205). Im Hinblick auf den oben definierten Einzugsbereich der RLK errechnet sich ein Ausländeranteil von 13% (91 610 von 702 484).

Der Anteil der in Köln wohnenden ausländischen Unterbringungspatienten (n = 74) an der Gesamtzahl der in Köln wohnenden Unterbringungspatienten (n = 789) beträgt 9,4%. Auf der Analyseebene der Fälle ergibt sich dieselbe prozentuale Verteilung.

Einem Ausländeranteil an der erwachsenen Bevölkerung von 13% steht ein Anteil von Zwangsunterbringungen bei ausländischen Patienten von nur 9,4% gegenüber. Damit sind die in Köln ansässigen Ausländer (überwiegend Gastarbeiter) bezüglich der Zahl der Zwangsunterbringungen deutlich unterrepräsentiert.

Die Ausländergruppe mit den möglicherweise größten Integrationsproblemen, die Türken, haben innerhalb der Gruppe der in Köln lebenden ausländischen Patienten einen Anteil von nur 33,8%, während der Türkenanteil bei der ab 18jährigen ausländischen Bevölkerung immerhin 38,2% beträgt.

Der Frauenanteil ist bei deutschen und ausländischen Unterbringungspatienten etwa gleich groß (ca. 47%). Speziell bei den Türken ist die Verteilung anders. Hier beträgt der Frauenanteil 58%, eine Auffälligkeit, die auch für Niedersachsen beschrieben wurde. Das vorliegende Datenmaterial erlaubt keine abgesicherte Erklärung.

Im übrigen ergeben sich einige Merkmalsausprägungen – wie kürzere psychiatrische Vorgeschichte, vermehrt Berufstätigkeit, Familienstand ledig oder verheiratet – aus dem durchschnittlich deutlich jüngeren Lebensalter der ausländischen Patienten.

Unter teilweiser Vorwegnahme später abzuhandelnder Verfahrensdetails läßt sich für die ausländischen Unterbringungspatienten als charakteristisch mitteilen: In fast der Hälfte der Fälle ist die Suizidproblematik ausschlaggebender Tatbestand für die Zwangsunterbringung. Anwendung oder Androhung von Gewalt (gleichbedeutend mit Fremdgefährdung) ist bei den Ausländern nicht häufiger als bei den Deutschen. Die tatsächliche Dauer der Zwangsunterbringung und die Dauer des stationären Aufenthalts insgesamt ist bei den Ausländern nicht kürzer und nicht länger als bei den Einheimischen. Bei den Diagnosen überwiegen einerseits Psychosen und andererseits Neurosen bzw. Persönlichkeitsstörungen. Sucht kommt nicht nennenswert vor.

Es läßt sich festhalten, daß Ausländer nicht häufiger zwangseingewiesen werden als Deutsche. Wenn sie in stationärer Behandlung sind, werden sie nicht schneller entlassen und werden nicht länger festgehalten als Deutsche.

2.3.4 Familienstand

Im Hamburger Notdienst zeigte sich, daß jene Patienten, die besonders isoliert leben, viel häufiger freiwillig zur stationären Aufnahme kommen. Das gilt analog für Alleinlebende, Obdachlose, Ledige und Geschiedene. Hingegen kommen Patienten, die aus bestehenden sozialen Bindungen eingewiesen werden mußten, häufiger zwangsweise zur Aufnahme. Möglicherweise wird den isoliert lebenden Patienten die Zustimmung zur stationären Behandlung erleichtert durch die Aussicht auf soziale Kontakte und Geborgenheit im therapeutischen Milieu der Klinik.

Tabelle 4. Familienstand in der Kölner Bevölkerung und bei Patienten (ab 20 Jahre)

Familienstand	Bevölkerung		Patienten		Fälle	
	n	[%]	n	[%]	n	[%]
Ledig	194002	(24,5)	341	(38,6)	452	(41,9)
Verheiratet	497093	(59,2)	299[a]	(33,9)	351[b]	(32,6)
Verwitwet	80017	(10,1)	112	(12,7)	125	(11,6)
Geschieden	48597	(6,2)	120	(13,6)	139	(12,9)
Unbekannt	–		11	(1,2)	11	(1,0)
Gesamt	789709	(100)	883	(100)	1078	(100)

[a] Darin enthalten 62 getrennt Lebende = 7,0% aller Patienten.
[b] Darin enthalten 80 getrennt Lebende = 7,4% aller Fälle.

Für die Kölner Verhältnisse läßt sich leider kein Vergleich zwischen freiwillig und zwangsweise Aufgenommenen ziehen, sondern nur ein Vergleich zwischen dem Familienstand der Unterbringungspatienten und dem der Bevölkerung. In Tabelle 4 wurde als untere Altersgrenze für diesen Vergleich 20 Jahre gewählt.
Vom Familienstand her sind 65,7% der untersuchten Patienten alleinstehend, in der Kölner Bevölkerung sind es dagegen 40,8%. Der zusätzliche Anteil von 7,1% getrennt lebender Patienten erscheint ebenfalls überproportional hoch.
Geschlechtsbezogene Unterschiede: 49,1% der männlichen gegenüber 33,9% der weiblichen Patienten sind ledig; 5,7% der männlichen gegenüber 18,2% der weiblichen Patienten sind verwitwet. Diese Verteilung korreliert mit der oben dargestellten unterschiedlichen Altersstruktur der männlichen und weiblichen Unterbringungspatienten.

2.3.5 Lebens- und Wohnsituationen

Über den amtlichen Familienstand hinaus erlaubt die Untersuchung der konkreten häuslichen Lebenssituation und Wohnsituation Aussagen über den Grad der sozialen Integration in Familien- und Nachbarschaftsbindungen.
47,6% der Patienten leben tatsächlich allein, 31,2% leben mit dem Ehepartner oder einem sog. Lebenspartner, 12,5% der Patienten leben bei den Eltern oder einem Elternteil. Die Schwerpunkte bei den Zusammenlebensformen der Patienten korrelieren wie in der Gesamtbevölkerung mit dem Lebensalter.
Bei der Wohnsituation der Patienten ist bemerkenswert, daß 88% vor dem Unterbringungsverfahren in einer Privatwohnung lebten. Nur 0,5% lebten in einer therapeutischen Wohngemeinschaft, nur 0,8% in einem psychiatrischen Übergangsheim; 6,3% lebten in einem Altenheim oder sonstigen Heim, 3,8% waren ohne festen Wohnsitz, davon ⅓ Frauen.

2.3.6 Berufliche Situation vor der Zwangsunterbringung

Die Frage, ob eine bestimmte Schichtzugehörigkeit, die ja wesentlich mit dem Beruf bzw. der Erwerbstätigkeit zusammenhängt, das Risiko erhöht, im Falle einer psychischen Dekompensation zwangsuntergebracht zu werden, ist von der Sozialpsychiatrie in den letzten Jahren vielfältig erörtert worden. Im Rahmen dieser Untersuchung soll zunächst nur dargestellt werden, welche berufliche Situation mit Zwangsunterbringung statistisch assoziiert ist.

Bei den nach PsychKG untergebrachten Patienten, die sich einerseits im Erwerbstätigenalter befinden und andererseits noch nicht krankheitsbedingt vorzeitig berentet sind, findet sich ein sehr hoher Anteil von Arbeitslosen und anderweitig Beschäftigungslosen.

Die arbeitslos Gemeldeten sind im wesentlichen erst bis zu 1 Jahr arbeitslos, im Einzelfall bis zu 2 Jahren, d.h. diese Patienten sind erst vor nicht zu langer Zeit von der Arbeitslosigkeit betroffen worden und zeigen akute Reaktionen. Nach 1–2 Jahren werden die Arbeitslosen zu Arbeitslosenhilfe- und dann zu Sozialhilfeempfängern. In der hier verwendeten Statistik ist die letztgenannte Gruppe zusammengefaßt unter „anderweitig ohne berufliche Beschäftigung".

Beschäftigungslosigkeit ohne formelle Anmeldung als Arbeitsloser kann bei chronisch kranken Unterbringungspatienten (z.B. Psychotiker) als Ausdruck des ungünstigen Verlaufs der Krankheit gedeutet werden.

Die Zahlen in Tabelle 5 lassen sich wie folgt zusammenfassen: Rechnet man die beim Arbeitsamt als arbeitslos gemeldeten und die vom Sozialamt als beschäftigungslos betreuten Unterbringungspatienten zusammen, so ergibt sich für 38,8% aller Unterbringungsfälle Erwerbslosigkeit im erwerbsfähigen Alter.

Bei den männlichen Patienten ist der Anteil der erwerbslosen sogar 47%. Bei den weiblichen Patienten errechnet sich ein Anteil erwerbsloser von 30%, wobei allerdings noch ein Teil der als Hausfrau geführten hinzugerechnet werden müßte.

Einer Berufstätigkeit im engeren Sinne gingen nur 20,9% der Unterbringungspatienten nach. Hinzu kommen noch die lediglich 0,5% in beschützenden Werkstätten.

29,3% sind aus dem Erwerbsleben endgültig ausgeschieden, etwa ⅔ davon aus Altersgründen, etwa ⅓ vorzeitig aus Krankheitsgründen. Bei den weiblichen Patienten ist der Anteil der Altersrentner mit 21% fast doppelt so hoch wie bei den männlichen Patienten mit 11%.

Tabelle 5. Berufliche Situation vor der Zwangsunterbringung (Patienten und Fälle)

Erwerb	Patienten		Fälle	
	n	[%]	n	[%]
Berufstätig (Vollzeit, Teilzeit)	182	(20,6)	204	(19,0)
Hausfrau, Hausmann	70	(7,9)	84	(7,8)
Ausbildung, Wehr- oder Zivildienst	51	(5,7)	61	(5,7)
Beschützt beschäftigt	4	(0,5)	4	(0,4)
Arbeitslos gemeldet	108	(12,2)	124	(11,5)
Anderweitig ohne Beschäftigung	200	(22,7)	294	(27,3)
Frührentner, Rentenverfahren	94	(10,6)	124	(11,5)
Altersrente, Pension	161	(18,2)	169	(15,7)
Unbekannt	13	(1,5)	14	(1,3)
Gesamt	883	(100)	1078	(100)

2.3.7 Arbeitslosigkeit

Zu den sozialen Bedingungen gehört wesentlich die Berufstätigkeit. Arbeitslosigkeit führt zu einer erheblichen Verschlechterung der sozialen Situation und bedeutet darüber hinaus eine tiefgreifende psychische Belastung, die in Abhängigkeit von der Persönlichkeitsstruktur des Betroffenen zu psychiatrischen Symptomen von Krankheitswert führen kann.

Grundsätzlich ist darauf hinzuweisen, daß es sehr schwierig ist, anhand des vorliegenden Datenmaterials Aussagen zum ursächlichen Zusammenhang von Arbeitslosigkeit und psychiatrischer Erkrankung bis hin zum Schweregrad der Unterbringungsbedürftigkeit zu machen. Es ist davon auszugehen, daß Menschen mit einer chronischen psychiatrischen Erkrankung oder einer ernsthaften strukturellen Persönlichkeitsstörung in wirtschaftlichen Krisenzeiten eher ihren Arbeitsplatz verlieren als gesunde. Bei diesen Patienten mit einer psychiatrischen Vorgeschichte kann der Verlust der Arbeit dann wiederum zu einer krisenhaften Exazerbation mit Gefährdung für sich oder andere führen.

Es wurde untersucht, welche der erfaßten sozialen, medizinischen und verfahrensbezogenen Merkmale bei arbeitslosen Patienten mit Zwangsunterbringung statistisch assoziiert sind. Unter teilweiser Vorwegnahme der Ergebnisse der Gesamtauswertung lassen sich für die Arbeitslosen unter den Unterbringungspatienten folgende Aussagen machen:

Das Verhältnis von Männern zu Frauen ist bei den arbeitslosen Unterbringungspatienten 2:1. Die Patienten sind insgesamt jünger. 34% sind geschieden oder getrennt lebend, 50% sind ledig. Bei kürzerer psychiatrischer Vorgeschichte kommen die Arbeitslosen tendenziell schneller zur Wiederaufnahme.

44,3% der arbeitslosen Unterbringungspatienten werden von Allgemeinkrankenhäusern eingewiesen, 30,6% kommen ohne ärztliche Einweisung in die Landesklinik. Als Gefährdungsmoment überwiegt Eigengefährdung bzw. Gefahr der Selbstschädigung.

In 60% der Fälle ist die Suizidproblematik ausschlaggebend für die Zwangsunterbringung (bei 20% als Zustand nach Suizidversuch, bei 40% als Ankündigung oder Androhung von Suizid).

50% der arbeitslosen Unterbringungspatienten standen bei Aufnahme unter Alkoholeinwirkung.

Die Dauer der Zwangsunterbringung (30% höchstens 1 Tag) und die Dauer des stationären Aufenthalts (nach 2 Tagen ist ¼ der Patienten schon wieder entlassen) ist bei den Arbeitslosen besonders kurz. Als häufigste Diagnosen wurden Neurosen bzw. Persönlichkeitsstörung und Alkoholabhängigkeit genannt. Mit 42% der arbeitslosen Unterbringungspatienten konnte keine ambulante Weiterbehandlung oder Nachbetreuung vereinbart werden.

Die Tatsache, daß 60% der arbeitslosen Unterbringungspatienten mit der Begründung Suizidalität eingewiesen wurden, sollte nicht zu voreiligen Schlüssen verleiten. Die Vermutung eines kausalen Zusammenhangs läßt sich mit dem vorliegenden Material nicht stützen. In der weiteren Analyse wird sich zeigen, daß Arbeitslosigkeit nur eines von mehreren Merkmalen ist, welche eine Problemgruppe von Patienten besonders charakterisieren.

Die Gesamterhebung bietet keinen Anhalt dafür, daß demographische Merkmale wie Geschlecht, Alter oder Nationalität disponierende Faktoren für das Zustandekommen einer Zwangsunterbringung sind.

Bezüglich Alter muß differenziert werden: Patienten in besonders jugendlichem und in besonders hohem Alter sind überrepräsentiert.

Ein Schichtenmodell wurde in diese Untersuchung nicht eingeführt. Von den untersuchten sozialen Merkmalen sind Alleinleben und Erwerbslosigkeit im erwerbsfähigen Alter mit Zwangsunterbringung statistisch deutlich assoziiert.

Bei der Auswertung der Krankenakten ergab sich der Eindruck, daß die vermehrt anzutreffenden ungünstigen sozialen Bedingungen bei den Unterbringungspatienten in ihrer Assoziation mit der jeweiligen Diagnose im Sinne einer Folgewirkung zu interpretieren sind. In einem späteren Abschnitt der Untersuchung sollen daher die soziodemographischen Daten innerhalb der einzelnen Hauptdiagnosegruppen der Unterbringungspatienten dargestellt werden.

2.4 Psychiatrische Vorgeschichte

Aus dem Zeitpunkt der 1. stationären Behandlung, der Zahl der früheren stationären Behandlungen und aus der Zahl der bisherigen Zwangsunterbringungen nach PsychKG lassen sich Rückschlüsse auf die Chronizität der psychiatrischen Erkrankung der Unterbringungspatienten ziehen.

In der Literatur finden sich zu den Merkmalen, die sich auf die psychiatrische Krankenvorgeschichte beziehen, eher widersprüchliche Angaben. In der sozialpsychiatrischen Abteilung in Frankfurt wurde gefunden, daß Patienten mit Erstmanifestation psychischer Störungen häufiger unter Zwangseingewiesenen waren als Patienten mit vorausgehenden stationären Behandlungen. Wiederaufnahmen kamen also überwiegend freiwillig. In der damaligen Untersuchung wurde der Rückgang der Zwangsunterbringungen bei Wiederaufnahmen mit dem besonderen Stil der sozialpsychiatrischen Arbeitsweise begründet, die chronischen Patienten bei erneuter Verschlechterung ihres Zustands die Entscheidung zur freiwilligen stationären Aufnahme erleichtere.

Die verbesserten pharmako-, sozio- und psychotherapeutischen Möglichkeiten haben im Vergleich zu früher zu sehr viel kürzeren Verweildauern geführt. Die Patienten können schneller wieder entlassen werden und ambulant weiterbehandelt werden, so daß sie den Kontakt zu ihrer Primärgruppe nicht verlieren. Diese grundsätzlich begrüßenswerte Entwicklung führt andererseits zu häufigeren Rehospitalisierungen. Von außen betrachtet wird dann leichthin von „Drehtürpsychiatrie" gesprochen. Dabei wird geflissentlich übersehen, daß das inhumane Phänomen der psychiatrischen Dauerinsassen weitgehend abgebaut werden konnte.

2.4.1 Bisherige stationäre psychiatrische Behandlungen

Bei 47,3% der Patienten, die 1983 erstmals nach PsychKG untergebracht werden mußten, handelte es sich gleichzeitig um die 1. stationäre Behandlung überhaupt. 52,7% der Patienten waren schon ein oder mehrere Male vor dem jetzigen Unterbringungsverfahren stationär behandelt worden.

Tabelle 6. Zahl der bisherigen stationären psychiatrischen Behandlungen (Patienten und Fälle)

Zahl der Behandlungen	Patienten[a]		Fälle	
	n	[%]	n	[%]
Keine vorausgehende Behandlung	418	(47,3)	424	(39,3)
1–2 frühere Behandlungen	179	(20,3)	229	(21,2)
3–5 frühere Behandlungen	141	(16,0)	194	(18,0)
6–10 frühere Behandlungen	75	(8,5)	121	(11,2)
Mehr als 10 frühere Behandlungen	63	(7,1)	102	(9,5)
Unbekannt	7	(0,8)	8	(0,7)
Gesamt	883	(100)	1078	(100)

[a] Der maßgebliche Aufenthalt für die Zählung bei „Patienten" war der 1. im Jahr 1983, unabhängig von etwaigen folgenden.

Ein Fünftel der Patienten hatte 1–2 voraufgehende stationäre Aufenthalte, etwa 15% hatten 6 und mehr Voraufenthalte. Bei der weiter unten folgenden Aufschlüsselung nach Diagnosegruppen wird sich zeigen, wieweit dieser sog. harte Kern diagnose- und krankheitsspezifisch ist. Die Zahlen gelten annähernd gleichermaßen für Männer und Frauen (Tabelle 6).

Bezieht man die Erstunterbringungen nach PsychKG nicht auf die Zahl der untersuchten Patienten (n = 883), sondern auf die Zahl der untersuchten Fälle (n = 1078), so kommt es über das Jahr mit wachsender Zahl der Wiederholungsunterbringungen zu prozentualen Verschiebungen. Nach dieser Zählweise gilt, daß 39,3% der Unterbringungsverfahren im Jahre 1983 bei Erstaufnahmen eingeleitet wurden. Entsprechend gingen in 60,7% der Fälle eine oder mehrere stationäre Behandlungen voraus.

2.4.2 Erste stationäre psychiatrische Behandlung

Etwa die Hälfte der Unterbringungspatienten ist im Untersuchungsjahr 1983 erstmalig in stationäre psychiatrische Behandlung gekommen. Bei etwa 12% der Patienten lag die 1. stationäre Behandlung mehr als 10 Jahre zurück. Angesichts der Vielzahl von chronisch psychiatrisch Kranken scheint die Schlußfolgerung erlaubt, daß die chronischen Patienten seltener per Zwangseinweisung, sondern häufiger freiwillig zur stationären Behandlung kommen. Diese Vermutung müßte sich bei einer getrennten Darstellung der Psychotiker stützen lassen (Tabelle 7).

Der Anteil der Unterbringungspatienten, die im Untersuchungsjahr 1983 zum ersten Mal in stationäre Behandlung kamen, ist bei Männern und Frauen etwa gleich groß. Andererseits liegt in der Gruppe der Patienten mit Voraufenthalten bei den Frauen das Jahr der 1. stationären Behandlung durchschnittlich weiter zurück als bei den Männern. Auch hier mag das höhere Durchschnittsalter der weiblichen Unterbringungspatienten eine plausible Erklärung sein.

Leider war es in der Auswertung nicht möglich, die Zahl der bisherigen stationären Aufenthalte zum Jahr der 1. stationären Behandlung in Beziehung zu setzen. Auf diese Weise hätte sich ein gewisses Maß für die Häufung von stationären Auf-

Tabelle 7. Jahr der ersten stationären psychiatrischen Behandlung (nach Patienten und Fällen)

Erstaufenthalt	Patienten		Fälle	
	n	[%]	n	[%]
Im Untersuchungsjahr	439	(49,7)	474	(44,0)
Im Vorjahr	71	(8,0)	103	(9,6)
2 Jahre zurück	52	(5,9)	67	(6,2)
3 Jahre zurück	40	(4,5)	51	(4,7)
4 Jahre zurück	39	(4,4)	54	(5,0)
5 Jahre zurück	29	(3,3)	49	(4,5)
6–10 Jahre zurück	98	(11,1)	137	(12,7)
11–20 Jahre zurück	79	(9,0)	103	(9,6)
Mehr als 20 Jahre zurück	29	(3,3)	33	(3,1)
Unbekannt	7	(0,8)	7	(0,6)
Gesamt	883	(100)	1078	(100)

enthalten in einer bestimmten Zeiteinheit für den einzelnen Patienten finden lassen.

2.4.3 Abstand zu Voraufenthalt

Neben den Angaben über bisherige stationäre Aufenthalte könnte der zeitliche Abstand zwischen der letzten Entlassung und der aktuellen Aufnahme mit Zwangsunterbringung als ein gewisses Maß für die Schwere der psychischen Erkrankung gelten.

In etwa 15% aller Kölner Unterbringungsfälle waren die Patienten höchstens einen Monat vorher aus stationärer Behandlung entlassen worden, in ¼ der Fälle vor maximal 3 Monaten (Tabelle 8).

Tabelle 8. Zeitlicher Abstand zwischen Entlassung aus Voraufenthalt und Wiederaufnahme (Fälle)

Abstand	Fälle		Kumuliert
	n	[%]	[%]
0– 7 Tage	70	(6,5)	(6,5)
8–14 Tage	50	(4,6)	(11,1)
15–28 Tage	41	(3,8)	(14,9)
5– 8 Wochen	56	(5,2)	(20,1)
9–12 Wochen	45	(4,2)	(24,3)
4– 6 Monate	108	(10,0)	(34,3)
7–12 Monate	94	(8,7)	(43,0)
13–24 Monate	88	(8,2)	(51,2)
Mehr als 2 Jahre	102	(9,5)	(60,7)
Kein Voraufenthalt	424	(39,3)	(100,0)
Gesamt	1078	(100)	

Der Anteil von Unterbringungspatienten mit erst kurz zurückliegendem Voraufenthalt ist bei den Männern größer als bei den Frauen. Prospektiv ließe sich sagen: die männlichen Patienten kommen im Durchschnitt schneller zur Wiederaufnahme als die weiblichen. Bei der Klärung dieses Phänomens kann die weiter unten folgende Differenzierung nach Diagnosegruppen weiterführen (s. Kap.3).

2.4.4 Bisherige PsychKG-Verfahren

Wie oben ausgeführt wurde, haben wiederkehrende stationäre Behandlungen bei schweren psychiatrischen Erkrankungen nichts Fragwürdiges. Bei rein somatischen Erkrankungen kommt es ja auch zu rezidivierenden Verschlechterungen. Kommt es bei Psychiatriepatienten allerdings vermehrt zu wiederholten Zwangsunterbringungen, so stellt sich um so mehr die Frage, ob das PsychKG das geeignete Instrument ist, diesen Patienten Schutz und Hilfe angedeihen zu lassen, oder ob nicht eher familienrechtliche Lösungen angebracht wären.
In Tabelle 9 ist aufgeschlüsselt, wieviele Patienten in welcher Häufigkeit vor 1983 schon Unterbringungsverfahren hatten. 73,5% der Patienten kamen 1983 erstmals in ihrem Leben mit dem PsychKG in Berührung. Von diesen wurden dann im Laufe des Jahres lediglich 9,5% erneut zwangsuntergebracht. Diese Entwicklung ist natürlich sehr unbefriedigend. Wenn in jedem Jahr eine vergleichbar große Zahl von Erstunterbringungen hinzukommt, vergrößert sich die absolute Zahl der solchermaßen stigmatisierten Personen natürlich rapide.
26,5% der Patienten waren schon vor 1983 ein oder mehrere Male zwangsuntergebracht gewesen. Bei diesen setzte sich die Tendenz auch im Untersuchungsjahr fort. Ein Viertel dieser Patienten mit früheren Unterbringungen kam auch 1983 mehrmals zwangsweise, im Durchschnitt mehr als 4mal.
Wählt man als Analyseebene nicht Patienten zum Zeitpunkt der 1. Zwangsunterbringung im Jahre 1983, sondern alle Unterbringungsfälle im Verlauf des Jahres 1983, so verschieben sich die Relationen natürlich. Durch wiederholte Zwangsun-

Tabelle 9. Zahl der vorausgegangenen Zwangsunterbringungen bezogen auf Patienten und Fälle

Zahl vorausgegangener Zwangsunterbringungen	Patienten[a]		Fälle	
	n	[%]	n	[%]
Keine	654	(73,5)	656	(60,8)
1	106	(11,9)	170	(15,8)
2	51	(6,1)	94	(8,7)
3	21	(2,8)	53	(4,9)
4	12	(1,3)	29	(2,7)
5	18	(2,0)	24	(2,2)
6-7	5	(0,7)	18	(1,7)
8 und mehr	16	(1,7)	34	(3,1)
Gesamt	883	100	1078	(100)

[a] Der maßgebliche Aufenthalt für die Zählung bei „Patienten" war der erste im Jahr 1983, unabhängig von etwaigen folgenden.

terbringungen bei demselben Patienten im Verlauf des Jahres vergrößert sich die Zahl der voraufgegangenen Zwangsunterbringungen aus der Perspektive des jeweiligen Einzelfalls. Nach dieser Definition ging bei 60,8% aller Unterbringungsfälle im Jahr 1983 keine frühere Unterbringung voraus, gleichermaßen bei Frauen und Männern. Die Gruppe mit 5 und mehr früheren Zwangsunterbringungen ist bei den Frauen dagegen nur halb so groß wie bei den Männern (4,6% gegenüber 9,2%).

2.4.5 Besondere rechtliche Situation vor Aufnahme

In 4,3% der Unterbringungsfälle lag bei Aufnahme ein rechtlicher Status des Patienten vor, der eigentlich die Anwendung des PsychKG zwecks Unterbringung überflüssig gemacht hätte. Es handelte sich um Patienten, die schon nach dem Familienrecht unter Vormundschaft oder Pflegschaft standen.
Es mag zunächst verwundern, daß bei einer gewissen Zahl von Patienten, die gemäß PsychKG untergebracht werden, schon vorher eine Vormundschaft oder Aufenthalts- bzw. Behandlungspflegschaft bestand. Die Erklärung liegt darin, daß in der Notfallsituation der Zwangseinweisung oft keine Möglichkeit gegeben ist, irgendwelchen unvollständigen Informationen über eine bestehende Vormundschaft oder Pflegschaft nachzugehen oder z.B. nachts gar das Vormundschaftsgericht anzurufen. Wegen der akuten Gefährdungssituation wird dann zunächst die leichter zu handhabende sofortige Zwangsunterbringung nach § 17 PsychKG eingeleitet. Wenn sich die Rechtslage in den folgenden Tagen geklärt hat und das Vormundschaftsgericht einer stationären Behandlung gegen den Willen des Patienten zugestimmt hat, wird der PsychKG-Beschluß aufgehoben und es gilt der Beschluß des Vormundschaftsgerichts.
Diese Verfahrenspraxis zeigt, daß familienrechtliche Lösungen auf der Grundlage der derzeitigen gesetzlichen Regelungen in der Akutsituation wenig praktikabel sind. Aus der Sicht des Patienten ist es wohl schwer erträglich, daß er zum Ausgleich eines gesetzlichen oder administrativen Defizits gleich mit zwei Gerichtsverfahren belastet wird.
In dieser Unzulänglichkeit mag auch ein Grund liegen, warum der Anteil an Klinikzugängen auf der Rechtsgrundlage einer Vormundschaft oder Pflegschaft so klein ist (1983 nur 1,1% aller Klinikzugänge).

2.5 Umstände der Zwangsunterbringung

2.5.1 Primär freiwillige Behandlung

Im Rahmen der Untersuchung der Verfahrenspraxis bei Anwendung des PsychKG interessieren besonders die Umstände der Unterbringung bei Einleiten des Verfahrens. Dabei ist zu berücksichtigen, daß ein Teil der Zwangsunterbringungen nicht sofort bei der Klinikaufnahme, sondern erst im Laufe der zunächst freiwilligen Behandlung erfolgt. Im Normalfall der Unterbringung kommt es ja aus einer akuten prästationären Gefährdungssituation heraus zur schnellen Klinikeinweisung und zur sofortigen Unterbringung nach § 17 PsychKG.

Eine überraschend große Zahl von Patienten kommt während eines zunächst freiwilligen stationären Aufenthalts in eine Gefährdungssituation, welche dann zur zwangsweisen Unterbringung führt. Zum Teil handelt es sich um Fälle, in denen die aufnehmenden Ärzte trotz mancher Bedenken noch einen Behandlungsversuch auf freiwilliger Basis machen, der dann aber nach wenigen Stunden schon scheitert. Gerade bei akut psychotischen oder präpsychotischen Patienten wirkt sich eine anfangs häufig anzutreffende ambitendente Haltung zur Klinikeinweisung im beschriebenen Sinne aus.

Darüber hinaus gibt es eine kleinere Zahl von Patienten, die anfänglich zwangsweise untergebracht waren, dann freiwillig weiterbehandelt wurden und später während desselben Aufenthalts aufgrund einer erneuten Verschlechterung ihres Zustands wiederum in einer geschlossenen Abteilung untergebracht werden mußten. Bei Anwendung der strengen gesetzlichen und richterlichen Kriterien für die Fortsetzung einer eingeleiteten Zwangsunterbringung sind diese Verläufe nicht selten.

Dem Problem des „zwangsweisen Verbleibs" von Patienten, die zunächst freiwillig behandelt wurden, dann aber trotz Gefährdung akut Abbruchtendenzen zeigen, ist bisher kaum Beachtung geschenkt worden. In Hamburg lag der Anteil dieser Unterbringungsbeschlüsse an der Gesamtzahl der Beschlüsse bei steigender Tendenz im Jahre 1984 schon bei 28%.

In Köln fanden sich 186 Fälle (17,3%), in denen sich die Patienten schon in stationärer Behandlung befanden, als sie in einen Zustand gerieten, der eine Verlegung auf eine geschlossene Station erforderlich machte. In diesen Fällen mußte von den Stationsärzten über das Ordnungsamt beim Amtsgericht ein Unterbringungsbeschluß gemäß PsychKG veranlaßt werden.

Die Patienten, die aus zunächst freiwilliger Behandlung heraus zwangsuntergebracht werden mußten, lassen sich bezüglich ihrer medizinischen und verfahrensbezogenen Merkmale abgrenzen. Es handelt sich im wesentlichen um chronisch kranke Psychotiker mit der typischen Vorgeschichte (allein lebend, Frührentner, viele stationäre Voraufenthalte und voraufgegangene Zwangsunterbringungen). Fast die Hälfte kam ohne ärztliche Einweisung – meist aus eigenem Antrieb oder auf Drängen der Angehörigen – in die ihr vertraute Landesklinik und gab zunächst eine sog. Freiwilligkeitserklärung ab.

Obwohl sich diese Patienten dann in einer angemessenen therapeutischen Situation befanden, kam es dennoch zur Verschlechterung mit Verfolgungsideen, Agitiertheit und schließlich gefährdender Behandlungsverweigerung. Die dann erforderliche Zwangsunterbringung dauerte bei diesen Patienten durchschnittlich erheblich länger, ebenfalls die sich anschließende stationäre Verweildauer.

Derartige Entwicklungen können als Beleg dafür gelten, daß zumindest bei dem klassischen Patientengut der Psychiatrie nicht völlig auf gesetzlich geregelte Möglichkeiten einer Unterbringung und entsprechenden Behandlung gegen den Willen der Patienten verzichtet werden kann.

Bei diesen chronisch kranken Patienten wäre allerdings am ehesten eine familienrechtliche Lösung denkbar, besonders wenn Pflegschaften rasch eingerichtet werden könnten.

2.5.2 Ärztliche Einweisung

Mit der ärztlichen Einweisung in die Landesklinik ist in der prästationären Situation der entscheidende Schritt getan, an den sich eine gewisse Eigengesetzlichkeit des weiteren Ablaufs anschließt. Der einweisende Arzt übernimmt daher eine große persönliche Verantwortung, selbst wenn die juristische und medizinische Verantwortung durch die Einweisung in andere Hände gelegt wird.

Da es in Köln keinen psychiatrischen Notdienst gibt, kann grundsätzlich jeder Arzt und jede ärztliche Institution Zwangseinweisungen vornehmen.

Bei der Frage, auf wessen Initiative die Patienten, bei denen letztlich eine Unterbringung nach PsychKG beantragt wurde, in die Klinik aufgenommen wurden und wer das ärztliche Zeugnis erstellte, ist auf die einzelnen Fälle Bezug genommen worden, da die 1983 mehrfach untergebrachten Patienten (Repetenten) u. U. jeweils aufgrund unterschiedlicher Einweisungen oder Initiativen zur Aufnahme kamen.

In der Darstellung der ärztlichen Einweisungen werden nur die Fälle berücksichtigt, bei denen es mit der Klinikaufnahme auch direkt zur Unterbringung in einer geschlossenen Station kam.

Auffallend ist, daß fast die Hälfte der Patienten mit Zwangsunterbringung aus anderen Kliniken eingewiesen wurde. Es handelt sich nahezu ausschließlich um Allgemeinkrankenhäuser, überwiegend um deren Ambulanzen. Gesundheitsamt und niedergelassene Nervenärzte sind mit jeweils 7% an den Einweisungen beteiligt.

Festzuhalten ist, daß 21,5% der Patienten ohne ärztliche Einweisung in die Landesklinik kamen, das bedeutet: ohne vorher von einem Arzt gesehen oder untersucht worden zu sein. Diese Patienten wurden von Polizei, Feuerwehr oder Angehörigen direkt in die Klinik gebracht. Der Anteil der Männer ist dabei erheblich größer (Tabelle 10).

Tabelle 10. Ärztliche Einweisungen der Fälle, bei denen es mit Klinikaufnahme gleichzeitig zur Zwangsunterbringung kam

Einweisende	Fälle	
	n	[%]
Niedergelassene Nervenärzte	61	(6,9)
Andere niedergelassene Ärzte	136	(15,3)
Gesundheitsamt	62	(7,0)
Notärzte und Sonstige	17	(1,9)
Andere Krankenhausambulanzen[a]	301	(33,8)
Andere Krankenhausstationen[b]	121	(13,6)
Ohne ärztliche Einweisung	191	(21,5)
Keine Angabe	1	(0,1)
Gesamt	890	(100)

[a] Darin enthalten 2,6% Einweisungen (n = 24) aus der Ambulanz der unmittelbar benachbarten Städtischen Kliniken Köln-Merheim.

[b] Darin enthalten 1,8% Einweisungen (n = 16) von Stationen der Städtischen Kliniken Köln-Merheim.

Frauen kommen deutlich häufiger als Männer über Einweisungen niedergelassener Ärzte, besonders auch Nervenärzte.

2.5.3 Ärztliches Zeugnis zum PsychKG-Antrag

Die klinische Erfahrung lehrt, daß ein Patient, bei dem die Frage der Selbst- oder Fremdgefährdung im Sinne des PsychKG zu entscheiden ist, nach dem Transport in die Klinik und in der Untersuchungssituation in der Klinik eine andere und eher verschärfte Symptomatik aufweisen kann, verglichen mit der Situation, die die Klinikeinweisung ursprünglich begründete. Die gilt besonders für Patienten mit paranoidem oder depressiv-ängstlichem Syndrom.

Es entspricht der Intention des Unterbringungsgesetzes, wenn das ärztliche Zeugnis für den Antrag auf Zwangsunterbringung möglichst vor der Klinikeinweisung von Ärzten erstellt wird, die die Gefährdungssituation vor Ort unmittelbar erfaßt haben. Tabelle 11 soll Aufschluß darüber geben, wieweit dieser Anspruch praktisch erfüllt wird.

Im ärztlichen wie im juristischen Sinne ist es wünschenswert, daß das ärztliche Zeugnis zum Antrag auf Zwangsunterbringung von einem Arzt erstellt wird, der vor Ort der Gefährdungssituation am nächsten gewesen ist. Muß das Zeugnis erst nach Ankunft des Patienten in der Klinik erstellt werden, kann der Patient nach dem mehr oder minder zwangsweisen Transport in die Klinik eine veränderte – in der Regel verschärfte – psychopathologische Symptomatik bieten, die eigentlich nicht zur Begründung des Antrags dienen sollte.

Die Darstellung des Gesamtkollektivs zeigt, daß in 46,6% aller Fälle, in denen es mit der Klinikaufnahme direkt zur Zwangsunterbringung kommt, das ärztliche Zeugnis für den PsychKG-Antrag von Ärzten der RLK (Ambulanz oder Bereitschaftsdienst) erstellt werden muß. Dieser Ablauf entspricht nicht den Intentionen des Gesetzgebers. Einerseits sollen die den Antrag begründenden Tatbestände vor der Klinikeinweisung beschrieben werden, andererseits sollten aufnehmender Arzt und antragstellender Arzt nicht identisch sein.

Tabelle 11. Ärztliche Unterbringungszeugnisse der Fälle, bei denen es mit Klinikaufnahme zur Zwangsunterbringung kam

Zeugnisaussteller	Fälle	
	n	[%]
Niedergelassene Nervenärzte	39	(4,4)
Andere niedergelassene Ärzte	49	(5,5)
Gesundheitsamt	64	(7,2)
Notärzte und Sonstige	8	(0,9)
Nichtpsychiatrische Kliniken	285	(32,0)
Psychiatrische Kliniken	29	(3,2)
Ambulanz der RLK	176	(19,8)
Bereitschaftsdienst der RLK	238	(26,8)
Keine Angabe	2	(0,2)
Gesamt	890	(100)

2.5.4 Zeugnisse vor Transport in die RLK

Die Forderung, daß das ärztliche Zeugnis für den Antrag auf Zwangsunterbringung vor Ort und nicht erst in der Klinik nach dem Transport erstellt werden möge, wird nur in etwa der Hälfte der Unterbringungsfälle erfüllt. Darüber hinaus wäre wünschenswert, daß das ärztliche Zeugnis durch einen in der Psychiatrie erfahrenen Arzt erstellt würde, wenn auch grundsätzlich jeder approbierte Arzt dazu berechtigt ist. Hier entsteht für die Praxis ein Dilemma. Je mehr Zeugnisse vor Ort und damit vor der Einweisung in die Landesklinik erstellt werden, um so größer wird der Anteil der Nichtnervenärzte. Ein ambulanter psychiatrischer Notdienst wie z. B. in Hamburg könnte weiterhelfen.

Von den Aufnahmefällen mit gleichzeitiger Zwangsunterbringung (n = 890) kamen nur 53,4% mit einem ärztlichen Zeugnis gemäß PsychKG in die Klinik (n = 476). An der Erstellung dieser ärztlichen Zeugnisse außerhalb der Landesklinik waren zu etwa 30% Nervenärzte und zu etwa 50% Internisten beteiligt (Tabelle 12).

Auffallend ist, daß nicht alle Patienten, die mit einer ärztlichen Einweisung zur Aufnahme kommen und sofort gemäß PsychKG untergebracht werden, auch ein ärztliches Zeugnis für die Unterbringung mitbringen.

Bei ⅓ der Fälle haben sich die einweisenden Ärzte auf das Einweisungsformular beschränkt und nicht gleichzeitig das erforderliche ärztliche Zeugnis erstellt. Dabei gibt es signifikante Unterschiede bei den Gruppen der Einweisenden.

64% der einweisenden niedergelassenen Nervenärzte erstellen gleichzeitig das ärztliche Zeugnis, bei den übrigen niedergelassenen Ärzten beträgt dieser Anteil nur 36%. Die einweisenden Krankenhäuser schicken in 75% der Fälle ein Zeugnis mit, der sozialpsychiatrische Dienst des Gesundheitsamts in 100%. Bemerkenswert ist also eine Zurückhaltung bei den niedergelassenen „Nichtnervenärzten", die als Hausärzte möglicherweise ihre Beziehung zu den Patienten nicht durch eine von ihnen herbeigeführte Zwangsmaßnahme belasten möchten.

2.5.5 Zeugnisse von Ärzten der RLK

In 46,6% der Fälle mit sofortiger Unterbringung bei Klinikaufnahme mußte das den Antrag begründende ärztliche Zeugnis von den aufnehmenden Ärzten der RLK erstellt werden.

Tabelle 12. Außerhalb der RLK ausgestellte ärztliche Zeugnisse (nach Fachgruppen)

Zeugnisausstellende	Fälle	
	n	[%]
Nervenärzte (niedergelassene, Klinik)	140	(29,4)
Allgemeinärzte	34	(7,1)
Internisten	232	(48,8)
Chirurgen	51	(10,7)
Übrige	7	(1,5)
Keine Angabe	12	(2,5)
Gesamt	476	(100)

Hinzu kommt das Kontingent der Zeugnisse für die Fälle, in denen zunächst eine freiwillige Behandlung stattgefunden hatte. Diese Zeugnisse werden zuständigkeitshalber von den jeweiligen Stationsärzten auf den sog. offenen Stationen der RLK erstellt. Es handelt sich um weitere 17,3% des Gesamtkollektivs an Unterbringungsfällen.

Zusammengefaßt bedeutet das: 56% aller ärztlichen Zeugnisse für den Antrag auf Zwangsunterbringungen müssen von Ärzten der RLK erstellt werden.

2.5.6 Zeitpunkt der Antragstellung

Die Frage nach der jahreszeitlichen Häufung der Unterbringungsverfahren läßt sich dahingehend beantworten, daß es keinen Monat mit einer signifikanten Abweichung gibt. Allerdings war der Anteil der Fälle im August mit 9,6% am höchsten und im November mit 7,6% am niedrigsten.

Bei der Verteilung der Wochentage gibt es signifikante Abweichungen. Bevorzugt ist der Freitag mit 17,3% der Unterbringungsfälle, unterrepräsentiert ist der Sonntag mit 9,4% der Fälle.

Welchen Weg der ärztliche Antrag auf Unterbringung nimmt, hängt von Tag und Uhrzeit seiner Erstellung ab. Entsprechend dem oben dargestellten Verfahrensweg wird der ärztliche Antrag auf Zwangsunterbringung telefonisch der Gesundheitsaufsicht mitgeteilt, die wiederum einen förmlichen Antrag der Ordnungsbehörde beim Amtsgericht stellt. Außerhalb der Dienstzeiten der Gesundheitsaufsicht (d.h. von 16.00–8.00 Uhr, an Wochenenden und an Feiertagen) wird die Tatsache des Vorliegens eines ärztlichen Zeugnisses zur Zwangsunterbringung lediglich der Feuerwehrleitstelle mitgeteilt, ohne daß die Gesundheitsaufsicht dazu Stellung nehmen kann. Im Untersuchungsjahr 1983 fielen ⅔ aller Anträge auf sofortige Unterbringung außerhalb der Dienstzeiten der Gesundheitsaufsicht an.

Diese Patienten werden also nach Benachrichtigung der Feuerwehrleitstelle in einer geschlossenen Abteilung nach § 17 untergebracht, und am nächsten Tag kann die Ordnungsbehörde den Antrag auf Unterbringung beim Amtsgericht stellen. Da die Gesundheitsaufsicht beim Zustandekommen von ⅔ aller sofortigen Unterbringungen nicht erreichbar ist, kann die vom Gesetzgeber ursprünglich intendierte Kontrolle durch die zuständige Aufsichtsbehörde allenfalls sehr formalen Charakter haben.

2.6 Angaben im ärztlichen Zeugnis

Was die Qualität des ärztlichen Zeugnisses angeht, so gibt es bei den Hauptdiagnosegruppen gewisse Unterschiede. Das PsychKG fordert die Mitteilung konkreter Ereignisse und Gefährdungstatbestände. Diese Forderung ist allenfalls bei 72% aller Zeugnisse erfüllt.

Die übrigen Zeugnisse enthalten lediglich eine abstrakte Beschreibung von Gefährdung. Der Anteil diesbezüglich unbefriedigender Zeugnisse ist bei den gerontopsychiatrischen Patienten mit 34% überdurchschnittlich hoch.

2.6.1 Schilderung der Tatbestände

Unabhängig von der ärztlichen Einweisung war die Frage zu untersuchen, auf wessen Schilderung der eigen- oder fremdgefährdenden Tatbestände der Antrag auf Zwangsunterbringung beruht. In 25% der Fälle wurden die entscheidenden Angaben von Angehörigen gemacht, in 4% von Nachbarn, in 8% vom Patienten selbst (besonders bei paranoiden Innenerlebnissen oder bei Suizidneigung). In ¼ der Fälle waren Polizei oder Feuerwehr wesentlich an der Schilderung der sog. Tatbestände beteiligt.

In etwa 25% der Fälle war den ärztlichen Zeugnissen lediglich eine abstrakte Beschreibung von Gefährdungsaspekten zu entnehmen, ohne daß konkrete aktuelle Ereignisse mitgeteilt wurden. In diesen Fällen werden die Angaben spätestens in der richterlichen Anhörung ergänzt.

Nach Angaben im ärztlichen Zeugnis waren 60% der Patienten bei eindeutiger Indikation zu geschlossener Unterbringung nicht zu einer freiwilligen Aufnahme bereit, 40% der Patienten wurden in der Aufnahmeuntersuchung als willenlos beschrieben.

2.6.2 Unterbringungsvoraussetzungen (§ 11 PsychKG)

Im Landesunterbringungsgesetz (LUG), das bis 1969 gültig war, wurden bei den Voraussetzungen zur Unterbringung die juristischen Begriffe Geistesschwäche und Geisteskrankheit verwendet.

Zur Betonung des fürsorgerischen Aspekts wurden im neuen PsychKG NW die medizinischen Begriffe Psychose, Suchtkrankheit und Schwachsinn eingeführt. Die Einführung des Begriffs „psychische Störung" war zunächst umstritten.

Damit sollte einer möglichst großen Zahl von Hilfsbedürftigen vorsorgende Hilfe zugute kommen. Gedacht war an reaktive Verstimmungen mit Suizidalität, abnorme Reaktionen im Sinne von Kurzschlußhandlungen. Um einer allzu diffusen Ausdehnbarkeit vorzubeugen, wurde der Begriff der psychischen Störung eingeengt durch den Zusatz „die in ihrer Auswirkung einer Psychose gleichkommt".

Tabelle 13. Voraussetzungen der Unterbringung (§ 11 PsychKG; Fälle, Mehrfachnennung möglich)

Syndrom	Erstnennung		Erst- und Zweitnennung	
	n	[%]	n	[%]
Psychose	380	(35,3)	385	(35,7)
Psychische Störung, die in ihrer Auswirkung einer Psychose gleichkommt	525	(48,6)	538	(49,9)
Suchtkrankheit	145	(13,5)	238	(22,1)
Schwachsinn	8	(0,7)	15	(1,4)
Keine Angabe	20	(1,9)	20	(1,9)
Gesamt	1078	(100)	1196	(111,0)

In den ärztlichen Zeugnissen in Essen fand sich folgende Verteilung der Unterbringungsvoraussetzungen: 41% Psychose, 24% psychische Störung, die in ihrer Auswirkung einer Psychose gleichkommt, 35% Sucht.

Der allgemeinen klinischen Erfahrung entsprechend wird der Anteil der in stationärer Behandlung befindlichen Psychotiker geringer und der Anteil der psychischen Störungen zunehmend größer. So beträgt in der Kölner Untersuchung für das Jahr 1983 der Anteil der Patienten, die wegen einer psychischen Störung, die in ihren Auswirkungen einer Psychose gleichkommt, aufgenommen wurden, fast 50%. Bei den Frauen kommt etwas häufiger als bei den Männern Psychose oder psychische Störung vor, dagegen halb so oft Suchtkrankheit (Tabelle 13).

2.6.3 Gefährdungseinschätzung

Die Vorläufer der Unterbringungsgesetze gingen von der „Gemeingefährlichkeit und Unberechenbarkeit" der Geisteskranken aus. Dementsprechend galt die öffentliche Sicherheit und Ordnung als ein besonders schützenswertes Gut. Der Aspekt der Eigengefährdung als Unterbringungsgrund kam erst sehr viel später hinzu. Statistisch gesehen steht die Eigengefährdung bzw. Gefahr der Selbstschädigung heute im Vordergrund der Unterbringungsbegründungen.

Nach der im Antrag vorgesehenen formalen Zuordnung der Gefährdungsaspekte bestand in 85% der Fälle Eigengefährdung und in 45% der Fälle Fremdgefährdung (d.h. bei 30% war beides gegeben). Weitere Kriterien im Antrag auf Unterbringung sind die Gefahr der öffentlichen Sicherheit oder Ordnung und andererseits die Gefahr des Selbstmords oder der gesundheitlichen Selbstschädigung.

Auch danach ergibt sich für etwa 85% der Fälle die Gefahr der Selbstschädigung. Auf Gefährdung der öffentlichen Sicherheit oder Ordnung wurde in 60% der Fälle erkannt. Bei den Frauen wird Eigengefährdung und Gefahr der Selbstschädigung etwa bei 12% häufiger genannt als bei den Männern, dagegen entsprechend weniger häufig Fremdgefährdung und Gefährdung der öffentlichen Sicherheit und Ordnung.

Nach anderen Untersuchungen ist die Zuordnung der Gefährdungskategorien von den Diagnosen der Patienten unabhängig. Einige Autoren weisen besonders auf die Untersuchervariable und auf die Bedeutung der Interaktion Arzt-Patient bei der Einschätzung der Gefährdung hin.

Die schematischen Zuordnungen im ärztlichen Attest lassen sich mit den tatsächlich mitgeteilten Tatbeständen und Unterbringungsanlässen vergleichen.

2.6.4 Tatbestandsmerkmale

Die konkret zu benennenden Tatbestandsmerkmale sind ein Indiz für die sog. gegenwärtige Gefährdung entweder im Sinne von Selbstgefährdung oder Fremdgefährdung.

Im Rahmen einer Aktenanalyse müssen die mitgeteilten Verhaltensweisen als tatsächlich gegeben gewertet werden. Inwieweit die Antragsteller überzeichneten Darstellungen anderer Personen gefolgt sind oder im Einzelfall „aus guten Gründen" selbst die Geschehnisse akzentuierter dargestellt haben, ließe sich nur durch eine begleitende Analyse der Unterbringungsvorgänge feststellen.

Über die Stichhaltigkeit der Anträge lassen sich aber aufgrund des weiteren Ablaufs der Zwangsunterbringung, z. B. der Dauer, der Umstände der Aufhebung etc., Überlegungen anstellen.

Zunächst ist von Interesse, mit welchen konkreten Tatbeständen die Anträge auf Zwangsunterbringung begründet werden. Im Erhebungsbogen sind bis zu 3 Nennungen von verschiedenen Tatbeständen möglich.

Die Auflistung der Tatbestandsmerkmale und ihrer Verteilung auf die Unterbringungsanträge ergibt etwa eine doppelt so hohe Zahl von Fällen mit Eigengefährdung als von Fällen mit Fremdgefährdung. In fast 40% der Fälle spielt eine Suizidproblematik die entscheidende Rolle für die Zwangsunterbringung, in 25% ernstzunehmende Androhung von Gewalt oder Angriffe gegen Personen, in 25% Desorientiertheit bezüglich Situationen und Personen (entweder im Rahmen eines paranoiden, dementiellen oder eines deliranten Syndroms; s. Tabelle 14).

Die Fälle mit Suizidproblematik werden in einem gesonderten Abschnitt dargestellt (s. 6.2).

Im geschlechtsbezogenen Vergleich zeigen sich folgende Unterschiede: Desorientiertheit, Verkennung von Situationen und Personen und Agitiertheit/Unruhe kommen bei den weiblichen Unterbringungspatienten als Tatbestandsmerkmal häufiger vor als bei den männlichen. Äußern von Verfolgungsideen wird bei den Frauen fast doppelt so häufig genannt, häufiger auch Nahrungsverweigerung in lebensbedrohlichem Ausmaß. Tendenziell mögen diese Merkmale mit den gerontopsychiatrischen Erkrankungen korrelieren und deswegen bei Frauen insgesamt überwiegen.

Androhung oder Ausübung von Gewalt kommt bei Männern doppelt so häufig vor wie bei Frauen.

Die Suizidproblematik wird bei Frauen in 41,4% der Unterbringungsfälle als ausschlaggebender Unterbringungsgrund angegeben, bei Männern in 36,2%.

Das Unterbringungsgesetz verlangt für die Beantragung konkrete, aktuelle Tatbestände, die eine Eigen- oder Fremdgefährdung bedeuten und die im ursächlichen Zusammenhang mit einer psychiatrischen Erkrankung oder einer psychischen Störung stehen.

Fremdgefährdung, die nicht als Ausdruck einer psychiatrischen Erkrankung gesehen werden kann, stellt eher einen Straftatbestand dar, dem mit polizeilichen Mitteln zu begegnen wäre. Dazu gehören Belästigungen, Bedrohungen, Schädigungen anderer sowie Gewaltanwendung gegen andere.

Grundsätzlich anders ist es bei selbstschädigendem Verhalten. Hier kommt es auf das Ausmaß an, um von Selbstgefährdung reden zu können, z. B. bei sozialem Rückzug, Verwahrlosung, Unruhe. Paranoide Verfolgungsideen alleine, wie sie im Rahmen einer Schizophrenie auftreten können, sind für sich kein Unterbringungsgrund. Erst wenn sie wie bei Verkennung anderer Menschen zu aggressivem Verhalten führen oder andererseits z. B. zu Suizidreaktionen, sind die Voraussetzungen für eine Zwangsunterbringung erfüllt.

Am eindeutigsten ist die Sachlage bei Suizidthematik. Suizidabsichten gelten ähnlich wie Nahrungsverweigerung oder Behandlungsverweigerung in lebensbedrohlicher Situation sui generis als Unterbringungsgrund.

Tabelle 14. Tatbestandsmerkmale im ärztlichen Zeugnis (Fälle, Mehrfachnennungen)

Tatbestandsmerkmal	Fälle	
	n	[%]
1) Desorientiertheit, Verkennungen	262	(24,3)
2) Agitiertheit, Unruhe	202	(18,7)
3) Äußern von Verfolgungsideen	134	(12,4)
4) Erregungszustand	172	(16,0)
5) Hilflosigkeit ohne erkennbare Ursache	43	(4,0)
6) Hilflosigkeit durch Alkohol, Drogen, Medikamente	80	(7,4)
7) Prädelirante Symptomatik	62	(5,8)
8) Belästigung anderer durch Lärm und Unruhe	18	(1,7)
9) Beschimpfen, Beleidigen	19	(1,8)
10) Randalieren	56	(5,2)
11) Androhung von Gewalt	109	(10,1)
12) Beschädigen, Zerstören von Gegenständen	63	(5,8)
13) Angriff gegen Personen mit Brachialgewalt	141	(13,1)
14) Angriff gegen Personen mit Waffen	8	(0,7)
15) Angriff gegen Personen mit Gegenständen	25	(2,3)
16) Brandstiftung	8	(0,7)
17) Verkehrsgefährdung als Fahrer	8	(0,7)
18) Verkehrsgefährdung als Fußgänger	43	(4,0)
19) Blockieren der Fahrbahn	8	(0,7)
20) Sozialer Rückzug, Isolierung	13	(1,2)
21) Stuporöses Verhalten	22	(2,0)
22) Nahrungsverweigerung	35	(3,2)
23) Behandlungsverweigerung (lebensbedrohlich)	37	(3,4)
24) Unangemessene, unzureichende Bekleidung	24	(2,2)
25) Verwahrlosung, mangelnde Pflege der Person	32	(3,0)
26) Verwahrlosung, mangelnde Pflege der Wohnung	9	(0,8)
27) Ankündigung oder Vorbereitung von Suizid	211	(19,6)
28) Ankündigung von Suizid bei früherem SV	91	(8,4)
29) Zustand nach Suizidhandlung	114	(10,6)
30) Sonstige	5	(0,5)
31) Keine Angaben	4	(0,4)
Gesamt	2058	(190,9)

In Freiburg wurden die Anlässe für die Aufnahme psychisch Kranker in eine geschlossene Abteilung untersucht. Die Definition dieser Anlässe ist weitgehend identisch mit der hier verwendeten Definition der Tatbestandsmerkmale, die im ärztlichen Zeugnis mitgeteilt werden.

Danach war in ⅔ der Fälle der Anlaß zur Zwangseinweisung eine akute Notlage, nur bei knapp 30% ging der Aufnahme ein längerer Entscheidungsprozeß voraus.

Die Vielfalt der Anlässe wurde in 4 Hauptgruppen unterteilt:

1) plötzlich auftretende Hilflosigkeit bzw. Versorgungsbedürftigkeit (in 33% der Fälle),
2) aggressive Handlungen gegen andere (12%) oder gegen sich selbst (20%),
3) Ende eines langen Entscheidungsprozesses (28%),
4) die Umgebung chronisch störendes und irritierendes Verhalten (in 6% der Fälle).

Es wurde von dem Autor betont, daß nicht nur die eruierbaren faktischen Gegebenheiten, sondern v. a. deren Bewertung, bei dem Anlaß zur Aufnahme eine entscheidende Rolle spielt, da keineswegs alle Fälle, bei denen die genannten Anlässe vorliegen, in psychiatrische Abteilungen eingewiesen werden.

2.6.5 Einwirkung von Alkohol, Medikamenten, Drogen bei Aufnahme

Auf dem Hintergrund entsprechender klinischer Erfahrungen wurde die Frage untersucht, in welchem Ausmaß die oben aufgeführten Tatbestände, die zur Zwangsunterbringung führten, unter dem Einfluß von Alkohol und Drogen auftraten.

In 33% der Fälle der Zwangsunterbringung standen die Patienten bei Klinikaufnahme unter Alkoholeinwirkung, bei den Männern waren es 39,1%, bei den Frauen 21,2%.

Wenn es zu Gefährdungssituationen unter dem Einfluß von Alkohol kommt, stellt sich die Frage, ob es sich um krankheitsbedingtes Verhalten im psychiatrischen Sinne handelt oder eher um Folgen von Enthemmung und Kontrollverlust durch Alkoholgenuß. Das PsychKG fordert für die Unterbringungsindikation sowohl die akute Gefahr als auch die psychische Störung, die in ihren Auswirkungen einer Psychose gleichkommt. Nicht jegliche diffuse Befindensstörung ist hier gemeint. Es entsteht der Eindruck, daß in diesem Bereich mißbräuchliche Anwendungen des PsychKG möglich sind und vorkommen.

In 2,4% der Fälle – fast ausschließlich bei männlichen Patienten – bestand aktuelle Drogeneinwirkung.

In 5,4% der Fälle lag eine mehr oder minder ausgeprägte Medikamentenintoxikation der Aufnahme zugrunde, meist in suizidaler Absicht herbeigeführt (Tabelle 15).

2.6.6 Psychiatrisch-klinische Syndrome bei der Aufnahme

Die Symptomatik bei Aufnahme wurde den psychiatrischen Syndromen zugeordnet. Tabelle 16 beruht auf der Möglichkeit von Mehrfachnennungen.

Das Überwiegen des depressiven Syndroms korreliert mit dem hohen Anteil „Sui-

Tabelle 15. Einwirkung von Alkohol, Medikamenten, Drogen bei Aufnahme (Mehrfachnennung möglich)

	Fälle	
	n	[%]
Alkoholeinwirkung	328	(30,5)
Medikamentenintoxikation	52	(4,8)
Drogen-/Rauschmitteleinwirkung	25	(2,3)
Keine Einwirkung	685	(63,8)
Gesamt	1090	(101,5)

Tabelle 16. Psychiatrisch-klinische Syndrome bei Aufnahme (Fälle, Mehrfachnennungen)

Psychiatrische Syndrome	Fälle	
	n	[%]
Depressives Syndrom	344	(31,9)
Maniformes Syndrom	78	(7,2)
Paranoides Syndrom	326	(30,2)
Stuporöses Syndrom	21	(2,0)
Bewußtseinstrübung	11	(1,0)
Demenz	44	(4,1)
Hirnorganisches Psychosyndrom	159	(14,8)
Delirantes Syndrom	247	(22,9)
Sonstiges	43	(4,0)
Unbekannt	13	(1,2)
Gesamt	1286	(119,3)

zidproblematik" bei den Tatbestandsmerkmalen. In der Gruppe mit hirnorganischem Psychosyndrom sind überwiegend Patienten mit zerebrovaskulärer Insuffizienz bzw. Arteriosklerose der Hirngefäße erfaßt, zum geringeren Teil Patienten mit Korsakow-Syndrom oder mit Zustand nach Schädel-Hirn-Trauma. Das delirante Sydrom ist nicht identisch mit dem Merkmal „Alkoholeinwirkung bei Aufnahme".

Geschlechtsbezogene Unterschiede:
Ein depressives Syndrom fand sich bei Männern in 28,7% der Fälle, bei Frauen in 35,6%.
Demenz und Hirnorganisches Psychosyndrom lagen bei Männern in 16,7%, bei Frauen in 21,4% vor.
Ein delirantes Syndrom fand sich bei Männern in 31,0%, bei Frauen in 14,1%.

2.7 Unterbringungsverfahren

2.7.1 Primäre Unterbringungsform (§ 17, § 18 PsychKG)

Das PsychKG kennt prinzipiell 2 Wege, auf denen ein Patient zur Zwangsunterbringung kommen kann: die sofortige Unterbringung nach § 17 und die einstweilige Unterbringung nach § 18.
Der Gesetzgeber ging als Regelfall von einer Situation aus, die sich am ehesten noch bei chronischen Psychotikern denken läßt. Bei einer allmählichen Verschlechterung mit drohender Gefährdung sollten zunächst die Maßnahmen der vorsorgenden Hilfe durch das Gesundheitsamt Anwendung finden. Falls sich dennoch eine akute Gefahr einstellte, sollte beim Amtsgericht der Antrag auf einstweilige Unterbringung gestellt werden, wobei im Idealfall der Richter vor einer Entscheidung noch den Patienten und seine Angehörigen angehört haben sollte. Die einstweilige Unterbringung könnte dann auch zur Vorbereitung eines Gutachtens zwecks anschließender „sonstiger Unterbringung" nach § 19 dienen.
Als Ausnahmefall war an besondere Notfälle gedacht, für die der § 17 eingeführt

Tabelle 17. Primäre Unterbringungsform (Fälle)

	Fälle	
	n	[%]
Sofortige Unterbringung nach § 17	1058	(98,1)
Einstweilige Unterbringung nach § 18	20	(1,9)
Gesamt	1078	(100)

wurde. Falls eine sofortige Unterbringung ohne vorherige gerichtliche Entscheidung unumgänglich ist, kann die Ordnungsbehörde bei Vorliegen eines ärztlichen Zeugnisses diese vornehmen und gleichzeitig beim Amtgericht Antrag auf Unterbringung stellen.

Die Untersuchung zeigt, daß der Regelfall so gut wie nicht vorkommt. In 98% aller Fälle kam es zur sofortigen Zwangsunterbringung ohne vorherige richterliche Entscheidung. Offensichtlich ließen nur in 2% der Fälle die Umstände eine vorherige richterliche Entscheidung gemäß § 18 zu, meist auf Grund von Anträgen des Gesundheitsamts (Tabelle 17).

Die Gesetzespraxis hat sich auf sehr selektive und letztlich unbefriedigende Weise den veränderten Realitäten angepaßt.

2.7.2 Aufhebung oder Umwandlung der sofortigen Unterbringung nach § 17 PsychKG

Spätestens am Folgetag nach sofortiger Zwangsunterbringung muß eine richterliche Entscheidung darüber stattfinden, ob eine Fortsetzung der Unterbringung – dann nach § 18 – verfügt wird oder ob die Unterbringung aufgehoben werden muß. Aus den unterschiedlichsten Gründen erfolgte in 18,6% der Fälle keine Umwandlung der Beschlüsse von § 17 in § 18. Das bedeutet, daß in diesen Fällen spätestens am Folgetag die Voraussetzungen für die Zwangsunterbringung entfallen waren.

Unterschieden nach Geschlechtern traf dies bei 22,8% der männlichen und bei 13,9% der weiblichen Unterbringungsfälle zu.

In Tabelle 18 werden die Gründe aufgeführt, warum eine Umwandlung der sofortigen in die einstweilige Unterbringung nicht erfolgte.

Danach bestand in 8% aller Unterbringungsfälle (fast nur Männer) bis zum Folgetag schon keine Notwendigkeit der stationären psychiatrischen Behandlung mehr. Die Patienten wurden entlassen. In weiteren 5% stimmten die Patienten innerhalb der § 17-Frist einer Weiterbehandlung zu, entweder auf offener oder geschlossener Station. In 2% der Unterbringungsfälle nach § 17 wurden die Begründungen im ärztlichen Zeugnis vom Richter nicht anerkannt (n = 22). In 3,5% wurde die Unterbringung im richterlichen Anhörungstermin auf Initiative des Richters in Abstimmung mit den behandelnden Ärzten aufgehoben, meist ebenfalls mit dem Ergebnis einer Zustimmung zur Weiterbehandlung seitens des Patienten.

Betrachtet man nur die Fälle, bei denen es direkt mit der Klinikaufnahme auch

Tabelle 18. Aufhebung oder Umwandlung des Unterbringungsbeschlusses nach § 17, Aufhebungsgründe

Aufhebungsgründe	Fälle	
	n	[%]
Patient wird entlassen	84	(7,8)
Patient stimmt Behandlung in rechtserheblicher Weise zu	50	(4,6)
Richter hebt bei Anhörung auf	38	(3,5)
Ärztliche Begründung vom Gericht nicht anerkannt	22	(2,0)
Voraussetzungen liegen nicht vor (vorgenannte Gründe)	8	(0,7)
Aufhebungen der Unterbringungen nach § 17 (Gesamt)	202	(18,6)
Zahl der Umwandlungen in § 18	876	(81,4)
Gesamt	1078	(100)

schon zur Zwangsunterbringung kam, so beträgt der Prozentsatz der aufgehobenen Unterbringungen nach § 17 sogar 21%.

Angesichts des großen administrativen und psychischen Aufwands, der mit einer Unterbringung verbunden ist, müssen sofortige Unterbringungen wegen akuter Gefährdung, die dann am Folgetag schon nicht mehr besteht, doch sehr kritisch gesehen werden.

2.7.3 Aufhebung der einstweiligen Unterbringung

Bei 81,4% der Unterbringungsfälle nach § 17 wurde die Indikation also bestätigt, so daß dann die einstweilige Unterbringung beschlossen werden mußte, die in der Regel bis zu 2 Monaten dauern darf. In begründeten Einzelfällen kann eine Verlängerung auf 3 Monate beantragt werden. Von dieser Möglichkeit wird in etwa 3% Gebrauch gemacht.

Im übrigen ist die einstweilige Unterbringung bei etwa der Hälfte der Fälle spätestens schon nach einer Woche wieder aufgehoben, bei etwa ¼ der Fälle schon nach 3 Tagen.

Im wesentlichen liegt den Aufhebungen der Zwangsunterbringung nach § 18 eine Besserung des Zustands des Patienten zugrunde und im Zusammenhang damit ein Wegfall der Eigen- oder Fremdgefährdung.

In 13% der nach § 18 untergebrachten Fälle war die Besserung gerade soweit gediehen, daß die Patienten in der Lage waren, der notwendigen Weiterbehandlung auf einer geschlossenen Station freiwillig oder in rechtserheblicher Weise zuzustimmen. In 34% stimmten die Patienten einer Weiterbehandlung auf einer offenen Station zu. Bei Zustimmung zur Weiterbehandlung auf einer geschlossen geführten Station überwogen die Männer (es handelte sich meist um die geschlossene Suchtstation), bei Zustimmung zur offenen Weiterbehandlung überwogen die Frauen.

In 10% der Fälle (doppelt so häufig bei Frauen wie bei Männern) kam es zu keiner expliziten Aufhebung des Unterbringungsbeschlusses. Hier wurde über 2 Monate, im Einzelfall unter Ausnutzung der gesetzlich vorgesehenen Verlänge-

Tabelle 19. Aufhebung oder Umwandlung des Unterbringungsbeschlusses nach § 18, Aufhebungsgründe

Aufhebungsgründe	Fälle	
	n	[%]
Zustimmung zur geschlossenen Weiterbehandlung	113	(12,9)
Zustimmung zur offenen Weiterbehandlung	297	(33,9)
Zustimmung zur Weiterbehandlung (Modus unbekannt)	30	(3,4)
Entlassung des Patienten	229	(26,1)
Aufhebung durch Richter bei Anhörung	53	(6,1)
Keine explizite Aufhebung (2 Monate)	88	(10,0)
Umwandlung in § 19	7	(0,8)
Umwandlung in andere Rechtsgrundlage	53	(6,1)
Unbekannt	6	(0,7)
Gesamt	876	(100)

rungsmöglichkeit über 3 Monate, die geschlossene Unterbringung aufrecht erhalten. Es handelte sich meist um gerontopsychiatrische Patienten.

Lediglich 0,8% der Fälle (n = 7) erfuhren eine Umwandlung der Rechtsgrundlage der Unterbringung von § 18 in § 19 („sonstige" Unterbringung; Tabelle 19).

Für das Instrument der sonstigen Unterbringung besteht offensichtlich kein Bedarf. Auf der Grundlage eines Gutachtens eines in der Psychiatrie erfahrenen Arztes können Suchtkranke und psychisch Gestörte, deren Störung in ihren Auswirkungen einer Psychose gleichkommt, 1 Jahr und Patienten mit lange dauernden Psychosen 2 Jahre untergebracht werden.

Einerseits gibt es kaum Patienten, die länger als die maximal vorgesehenen 2 Monate nach § 18 hintereinander zwangsuntergebracht werden müssen (und das auch noch wegen anhaltender, nicht anders abzuwendender Gefahr), andererseits steht bei langfristig ungünstiger Prognose ja die familienrechtliche Lösung einer Vormundschaft oder Pflegschaft zur Verfügung. Offensichtlich hatte der Gesetzgeber sich bei Schaffung des § 19 an Krankheitsverläufen orientiert, die heute kaum noch vorkommen.

2.7.4 Dauer der Zwangsunterbringung

Unabhängig vom Datum der richterlichen Beschlüsse läßt sich die tatsächliche Dauer der Zwangsunterbringung aus dem Zeitpunkt des ärztlichen Antrags auf Unterbringung und dem Zeitpunkt der Aufhebung durch den behandelnden Arzt berechnen.

Aus der Auflistung ergibt sich, daß bei 6,5% der Fälle die Unterbringung am selben Tag schon wieder aufgehoben wurde, bis zum Folgetag schon bei insgesamt 24,0%. Die Hälfte aller Unterbringungen ist spätestens nach 5 Tagen wieder aufgehoben, 75% sind spätestens in der 3. Woche wieder aufgehoben.

In 3,4% aller Unterbringungsfälle kam es zu der gesetzlich möglichen Verlängerung der Zwangsunterbringung nach § 18,4 PsychKG NW um einen Monat auf maximal 3 Monate.

Offensichtlich abhängig von der unterschiedlichen Altersstruktur und Diagnose-

Tabelle 20. Tatsächliche Dauer der Zwangsunterbringung
(Fälle, Einzelprozente und kumuliert)

Dauer (Tage)	Fälle		Kumuliert
	n	[%]	[%]
0	70	(6,5)	(6,5)
1	189	(17,5)	(24,0)
2	93	(8,6)	(32,6)
3	101	(9,4)	(42,0)
4	52	(4,8)	(46,8)
5	43	(4,0)	(50,8)
6	45	(4,2)	(55,0)
7	30	(2,8)	(57,8)
8–14	122	(11,3)	(69,1)
15–21	72	(6,7)	(75,8)
22–28	43	(4,0)	(79,8)
29–42	55	(5,1)	(84,9)
43–62	117	(10,9)	(95,8)
63–93	37	(3,4)	(99,2)
94 und mehr	9	(0,8)	(100,0)
Gesamt	1078	(100)	

struktur ergeben sich bezüglich der tatsächlichen Unterbringungsdauer deutliche geschlechtsbezogene Unterschiede. Nach schon einem Tag ist die Unterbringung bei 30% der männlichen und 17% der weiblichen Patienten wieder aufgehoben, nach spätestens 3 Tagen bei fast der Hälfte der Männer und bei ⅓ der Frauen. Entsprechend dem höheren Anteil gerontopsychiatrischer Erkrankungen kam es bei den Frauen häufiger zum Ausschöpfen der im Unterbringungsbeschluß verfügten Dauer von „längstens 2 Monaten" (Tabelle 20).

Bedenkt man, mit welchem Aufwand und mit welcher möglichen Stigmatisierung für den Patienten ein Unterbringungsverfahren verbunden ist, so erscheint die Indikation bei Patienten, deren Gefährdung allenfalls 1 oder 2 Tage Anlaß zur Zwangsunterbringung gibt, doch sehr zweifelhaft. Es stellt sich die Frage, ob der angeblichen Gefahr bei diesen Patienten nicht durch andere Maßnahmen als einer Zwangseinweisung hätte begegnet werden können.

2.8 Beendigung des stationären Aufenthalts

2.8.1 Gesamtdauer des stationären Aufenthalts

Nach Aufhebung der Zwangsunterbringung wird in der Regel die stationäre Behandlung auf freiwilliger Basis weitergeführt. Im Gesamtdurchschnitt ist die Aufenthaltsdauer mehr als doppelt so lang wie die Dauer der eigentlichen Zwangsunterbringung. Allerdings gibt es einen großen Anteil von Patienten mit kurzem bis „ultrakurzem" Aufenthalt.

Aus Tabelle 21 ergibt sich, daß schon am Tag der Aufnahme 4,3% der Patienten wieder entlassen werden, bis zum Folgetag sind es schon 12,8%. Spätestens bis

Tabelle 21. Gesamtdauer des stationären Aufenthalts der zwangsuntergebrachten Patienten (Fälle, Einzelprozente und kumuliert)

Dauer		Fälle		Kumuliert
		n	[%]	[%]
0		46	(4,3)	(4,3)
1		92	(8,5)	(12,8)
2		59	(5,5)	(18,3)
3		56	(5,2)	(23,5)
4		28	(2,6)	(26,1)
5		21	(1,9)	(28,0)
6		21	(1,9)	(29,9)
7		19	(1,8)	(31,7)
8		14	(1,3)	(33,0)
9	Tage	10	(0,9)	(33,9)
10		11	(1,0)	(34,9)
11		14	(1,3)	(36,2)
12		24	(2,2)	(38,4)
13		49	(4,5)	(42,9)
14		13	(1,2)	(44,1)
15–21		96	(8,9)	(53,0)
22–28		66	(6,1)	(59,1)
5– 6		108	(10,0)	(69,1)
7– 8	Wochen	71	(6,6)	(75,7)
9–12		84	(7,8)	(83,5)
4– 6	Monate	127	(11,8)	(95,3)
7–12		38	(3,5)	(98,9)
Mehr als 1 Jahr		11	(1,1)	(100,0)
Gesamt		1078	(100)	

zum 4. Tag sind 25% der Patienten entlassen. 50% der Patienten sind nach 3 Wochen entlassen und 75% nach 2 Monaten.

Länger als ein halbes Jahr ohne Unterbrechung bleiben 4,6%.

Die Unterschiede zwischen männlichen und weiblichen Unterbringungspatienten sind bezüglich der Dauer des stationären Aufenthalts noch ausgeprägter als bei der Dauer der Zwangsunterbringung: Noch am Tag der Aufnahme werden 6,7% der männlichen und nur 1,6% der weiblichen Patienten wieder entlassen; spätestens bis zum Folgetag sind es 17,5% Männer und 7,4% Frauen; bis zum 2. Tag nach Aufnahme sind 23,7% der Männer und 12,1% der Frauen entlassen. Zusammenfassend ergibt sich, daß die weiblichen Unterbringungspatienten etwa doppelt so lange in stationärer Behandlung bleiben wie die männlichen Patienten.

Läßt man bei der Darstellung der durchschnittlichen Verweildauer jene Fälle außer Betracht, in denen es erst während eines zunächst freiwilligen stationären Aufenthalts zur Zwangsunterbringung kam, so ergeben sich im Bereich der Kurzaufenthalte noch brisantere Zahlen. Patienten, die gleichzeitig mit der Klinikaufnahme zwangsuntergebracht wurden, verlassen die Klinik noch schneller: 2 Tage nach Aufnahme sind 21,5% schon wieder entlassen, nach spätestens einer Woche schon 36,9%, nach spätestens 2 Wochen 50% (Tabelle 21).

Mit Hilfe der Statistik des Landschaftsverbandes läßt sich die Verweildauer der nach PsychKG aufgenommenen mit der Verweildauer der freiwillig aufgenommenen Patienten vergleichen. Danach haben die PsychKG-Patienten einen deutlich größeren Anteil im Bereich der Kurzaufenthalte als die Freiwilligen. Nach 2 Tagen sind 12% der Freiwilligen, aber schon 21,5% der Zwangsuntergebrachten wieder entlassen; nach einer Woche 22,8% der freiwillig aufgenommenen gegenüber 36,8% der PsychKG-Patienten. Bis zum Ende der 2. Woche hat sich das Verhältnis mit jeweils 50% Entlassungen ausgeglichen. Dieser Effekt kommt durch die große Zahl der freiwillig behandelten Suchtpatienten zustande, deren Behandlung von den Kostenträgern auf 2 Wochen begrenzt ist.

Nach allen Vergleichen ergibt sich also ein bemerkenswert hoher Anteil von Patienten, die, nachdem sie wegen akuter Gefährdung zwangsuntergebracht wurden, dennoch schon nach wenigen Tagen wieder entlassen wurden. Bei solchen Verläufen kann wirksame Therapie wohl kaum stattgefunden haben. An dieser Stelle setzt dann auch die Kritik v. a. der Sozialpsychiatrischen Dienste ein, die nach dem PsychKG für die nachgehende Hilfe zuständig sind. Es wird moniert, daß zu kurze stationäre Behandlung nach Zwangseinweisung zu baldiger erneuter Verschlechterung mit Wiedereinweisung führen müsse.

Bei dieser verständlichen Kritik wird allerdings übersehen, daß bei sorgfältiger Beachtung der gesetzlichen Bestimmungen die Zwangsunterbringung, die ja nur der Abwehr der Gefährdung dient, bei Wegfall eben dieser Gefährdung aufgehoben werden muß. Danach kann der Patient die Behandlung jederzeit abbrechen. Auf der einen Seite steht das Bemühen, keinen Patienten länger als nötig in einer geschlossenen Abteilung festzuhalten, auf der anderen Seite gibt es – aus guten Gründen – keine Möglichkeit der Zwangsbehandlung.

2.8.2 Entlassung gegen ärztlichen Rat

Sobald der Unterbringungsbeschluß durch das Gericht aufgehoben ist, kann eine stationäre Weiterbehandlung nur mit dem schriftlichen Einverständnis des Patienten erfolgen. Dieses Einverständnis kann natürlich jederzeit widerrufen werden.

Im Untersuchungsjahr erfolgte die Entlassung aus stationärer Behandlung in 85% der Fälle mit ärztlichem Einverständnis. In 14% brachen die Patienten gegen den ausdrücklichen ärztlichen Rat die Behandlung ab, obwohl noch keine ausreichende Stabilisierung erreicht war. Andererseits ergab sich aus der fortbestehenden Behandlungsbedürftigkeit keine Rechtfertigung für eine erneute Zwangsmaßnahme. Bemerkenswert ist, daß in über der Hälfte dieser Fälle vorher die einstweilige Unterbringung wegen Zustimmung des Patienten zur stationären Weiterbehandlung aufgehoben worden war, was letztlich einen Behandlungsabbruch dann nicht verhinderte.

In 1% der Fälle kam es zu sog. Entweichungen, die mit einer Meldung an die Polizei verbunden sind. Nach Auffinden der Patienten konnte meist rückwirkend einer Entlassung zugestimmt werden.

2.8.3 Ambulante Weiterbehandlung bzw. Nachbetreuung

Das PsychKG NW, das 1969 das alte Landesunterbringungsgesetz abgelöst hat, wurde besonders wegen der gesetzlichen Verankerung der nachgehenden Hilfe, auf welche die Patienten einen Rechtsanspruch haben, begrüßt. Mit dem Rechtsanspruch ist natürlich nicht das Problem gelöst, daß erfahrungsgemäß viele Patienten nach Abschluß der stationären Behandlung aus krankheitsimmanenten Gründen eine Nachbetreuung oder Weiterbehandlung ablehnen.

Darüber hinaus ist schwer zu erfassen, in welchem Ausmaß sich die Patienten tatsächlich in eine vereinbarte Weiterbetreuung begeben. Sofern es sich nicht um die Verlegung in eine andere Klinik oder stationäre Einrichtung handelt, bleibt es dem Patienten natürlich überlassen, ob er die vereinbarte oder empfohlene Weiterbehandlung nach Entlassung in Anspruch nimmt oder nicht. Die Verbindlichkeit eines Weiterbehandlungsvorschlags hängt von mehreren Faktoren ab und ist naturgemäß begrenzt.

In dieser Untersuchung wurde erfaßt, welche Form der Weiterbehandlung oder Nachbetreuung zwischen Klinikärzten und Patienten vereinbart werden konnte (Tabelle 22).

In 27,7% aller Unterbringungsfälle konnte mit den Patienten keine ambulante Weiterbetreuung vereinbart werden, bezogen auf die sog. direkten Unterbringungen (gleichzeitig mit Klinikaufnahme) sind es sogar 30,4%. Bei den Männern ist dieser Anteil mit 33,9% wesentlich höher als bei den Frauen mit 20,8%.

Entsprechend dem höheren Anteil gerontopsychiatrischer Patienten werden mehr als doppelt so viel Frauen wie Männer in Altenwohnheimen weiterbetreut, wo ärztlicherseits dann noch ein Hausarzt zur Verfügung steht.

Mit deutlich mehr Frauen als Männern wurde eine Weiterbehandlung durch niedergelassene Nervenärzte vereinbart.

Wesentlicher Bestandteil der in das PsychKG aufgenommenen nachgehenden Hilfe ist das Instrument der vorläufigen Entlassung von nach § 19 untergebrachten

Tabelle 22. Ambulante Weiterbehandlung bzw. Nachbetreuung (Fälle, Mehrfachnennung möglich)

Weiterbehandlung/Nachbetreuung durch	Fälle	
	n	[%]
Niedergelassene Nervenärzte	274	(25,5)
Andere niedergelassene Ärzte	203	(18,7)
Ambulanz der RLK	86	(8,0)
Gesundheitsamt	14	(1,3)
Andere psychiatrische Kliniken	53	(4,9)
Allgemeinkrankenhaus	40	(3,7)
Therapeutische Wohngemeinschaft/Übergangsheim	19	(1,7)
Altenwohnheim	80	(7,4)
Sonstige	19	(1,8)
Entfällt wegen Sterbefall	20	(1,9)
Keine Weiterbehandlung/Nachbetreuung	298	(27,7)
Gesamt	1106	(103,0)

Patienten. Die mit der Entlassung verbundenen Auflagen – wie Inanspruchnahme ärztlicher Behandlung – bzw. deren Einhaltung sollen durch das Gesundheitsamt überwacht werden.

Da der Anteil der nach § 19 untergebrachten Patienten verschwindend gering ist (7 von 1078 Fällen), kommt die nachgehende Hilfe in dieser Hinsicht praktisch nicht zur Anwendung und der Rechtsanspruch darauf wird nicht wahrgenommen.

2.8.4 Einleitung einer Vormundschaft oder Pflegschaft

Auch in den Unterbringungsfällen, in denen aufgrund der eindeutig schlechten Langzeitprognose oder wegen einer hinlänglich bekannten Vorgeschichte eines chronisch Kranken im Notfall direkt bei der Aufnahme die Einrichtung einer Pflegschaft angezeigt ist, muß zunächst der Weg über die Zwangsunterbringung nach PsychKG beschritten werden. Eine sog. Eilpflegschaft ist aus vielerlei praktischen und organisatorischen Gründen nicht innerhalb von Stunden einzurichten.

Andererseits gibt es Patienten, deren Prognose nicht gleich so eindeutig ist und die zunächst im Rahmen einer Zwangsunterbringung behandelt werden. Bei ausbleibender Stabilisierung und fehlender Indikation für eine längere „sonstige" Unterbringung nach § 19 PsychKG kann bei diesen Patienten dann während des stationären Aufenthalts eine familienrechtliche Lösung eingeleitet werden.

Nur in 0,5% aller Unterbringungsfälle wurde beim Familiengericht eine Vormundschaft eingeleitet. Häufiger sind Aufenthaltspflegschaften (in 10,6% aller Fälle), meist verbunden mit einer Behandlungspflegschaft (in 7,4%). Die Pflegschaften werden überwiegend bei Alterspatienten eingerichtet.

Laut Statistik des Landschaftsverbandes kamen 1983 nur 1,1% aller Zugänge in die Landesklinik auf der Rechtsgrundlage einer Vormundschaft oder Pflegschaft. Wenn auch nicht bekannt ist, wieviele Personen in Köln unter Vormundschaft oder Pflegschaft stehen, so muß dieser geringe Anteil bei den Klinikzugängen doch verwundern. Möglicherweise lassen sich Patienten, bei denen eine Vormundschaft oder Pflegschaft besteht, leichter zu einer freiwilligen stationären Behandlung bewegen, so daß das Vormundschaftsgericht dann gar nicht in Anspruch genommen werden muß.

2.9 Diagnosen

Die Vergleichbarkeit psychiatrischer Diagnosen aus unterschiedlichen Institutionen ist ein großes Problem. Mit dem ICD-Diagnoseschlüssel steht seit einigen Jahren ein allgemein akzeptiertes System zur Verfügung. In der praktischen Anwendung ergeben sich Schwierigkeiten im Umgang mit den sehr differenzierten 4stelligen Diagnoseziffern. Aus Gründen der Übersichtlichkeit werden für diese Untersuchung die Einzeldiagnosen in größere Diagnosebereiche zusammengefaßt, entsprechend einem Vorschlag der Arbeitsgruppe für die psychiatrische Basisdokumentation (s. Tabelle 23).

Für die Ärzte der RLK kann eine ausreichende Übereinstimmung in Verständnis

Tabelle 23. Zusammenfassung von Einzeldiagnosen in größere Diagnosebereiche und Verschlüsselung nach ICD-9

Gruppe	Verschlüsselung nach ICD-9
1) Gerontopsychiatrische Erkrankungen einschließlich präseniler Demenz	290
2) Andere körperlich begründbare psychische Störungen	291, 294, 310
3) Schizophrene Psychosen	295
4) Affektive und andere Psychosen	296–298
5) Alkohol- und Medikamentenmißbrauch oder -abhängigkeit einschließlich symptomatischer Psychosen	291, 303, 304.1, 304.8, 304.9, 305.0, 305.1, 305.4, 305.8, 305.9
6) Drogenmißbrauch oder -abhängigkeit einschließlich symptomatischer Psychosen	292, 304.0, 304.2–304.7, 305.2, 305.3, 305.5–305.7
7) Neurosen, Persönlichkeitsstörungen und andere nichtpsychotische psychische Störungen	300–302, 306–309, 311, 312, 316
8) Oligophrenien	317–319
9) Anfallsleiden	345
10) Nichtpsychiatrische Diagnosen (neurologisch, intern)	

Tabelle 24. Erstdiagnose bei Zwangsunterbringungen (Patienten und Fälle)

Diagnosen (nach ICD-9)	Patienten		Fälle	
	n	[%]	n	[%]
Geronto-psychiatrische Erkrankungen einschließlich präseniler Demenz	113	(12,9)	121	(11,3)
Andere körperlich begründbare psychische Störungen	26	(3,0)	30	(2,8)
Schizophrene Psychosen	246	(28,0)	302	(28,2)
Affektive und andere Psychosen	34	(3,9)	39	(3,6)
Alkohol- und Medikamentenmißbrauch einschließlich symptomatischer Psychosen	217	(24,7)	287	(26,8)
Drogenmißbrauch oder -abhängigkeit einschließlich symptomatischer Psychosen	13	(1,5)	14	(1,3)
Neurosen, Persönlichkeitsstörungen, nichtpsychotische psychische Störungen	214	(24,4)	259	(24,2)
Oligophrenien	4	(0,5)	6	(0,6)
Anfallsleiden	7	(0,8)	9	(0,8)
Nichtpsychiatrische Diagnosen (neurologische, internistische u.a.)	3	(0,3)	3	(0,3)
Keine Angabe	1	(0,1)	1	(0,1)
Gesamt	878	(100)	1071	(100)

und Anwendung des ICD-Schlüssels angenommen werden. Im Rahmen der zugrundeliegenden Krankenaktenanalyse wurden die Diagnosen zum Zeitpunkt der Entlassung berücksichtigt. Als Erstdiagnose ist die klinisch im Vordergrund stehende Diagnose angegeben. Die Zweitdiagnose sollte sich von der Erstdiagnose wesentlich unterscheiden.

2.9.1 Erstdiagnosen

Nach dieser Einteilung ist das klassische Patientengut der Psychiatrie, die Gruppe der Psychotiker, mit knapp ⅓ bei den Erstdiagnosen vertreten. Abhängigkeitskranke und Patienten mit Neurosen bzw. Persönlichkeitsstörungen haben zusammen einen Anteil von über 50% bei den zwangsuntergebrachten Patienten. Der Rest wird im wesentlichen von den gerontopsychiatrischen Patienten gebildet.
Vier Hauptdiagnosegruppen (Erstdiagnose) betreffen insgesamt 94% aller Patienten, im einzelnen:

- Psychose (Psychosen des schizophrenen Formkreises;
      affektive Psychosen): 31,9%,
- Neurose, Persönlichkeitsstörung: 24,4%,
- Alkohol- und Medikamentenmißbrauch: 24,7%,
- gerontopsychiatrische Erkrankungen: 12,9%.

2.9.2 Zweitdiagnosen

In über ⅔ der Fälle war das Krankheitsbild offensichtlich mit einer einzigen psychiatrischen Diagnose ausreichend beschrieben. In knapp 30% der Fälle wurden Zweitdiagnosen angegeben.
Etwa 10% der Zweitdiagnosen stammen aus dem neurologisch-internistischen Bereich. Typische psychiatrische Zweitdiagnosen sind Alkohol- bzw. Medikamentenabhängigkeit (7,1%) und Neurosen bzw. Persönlichkeitsstörungen (4,6% der Unterbringungsfälle, s. Tabelle 25).
Für einen statistischen Überblick und Vergleich ist die Unterscheidung nach klinisch im Vordergrund stehenden Erstdiagnosen und davon unabhängigen Zweitdiagnosen sinnvoll. Allerdings wird diese schematische Einteilung den psychopathologischen Mischbildern nicht immer gerecht.
Zum Beispiel ist bei einem Alterspatienten mit Residualzustand einer Schizophrenie, der jetzt aus Vergiftungsängsten jegliche Nahrungsaufnahme verweigert, zwar der Tatbestand, der die Zwangsunterbringung begründet, eindeutig; die diagnostische Zuordnung nach Erst- und Zweitdiagnose kann aber schwierig sein. Ebenso gibt es beispielsweise diagnostische Überschneidungen, wenn ein als alkoholabhängig bekannter junger Mann bei Verlust des Arbeitsplatzes in alkoholisiertem Zustand einen ernstzunehmenden Suizidversuch unternimmt.
Auf diese Problematik wird im Zusammenhang mit der Gliederung des Gesamtkollektivs nach diagnostischen Subgruppen noch einmal eingegangen.
Schlüsselt man nicht die Gesamtzahl der Patienten, die 1983 ein- oder mehrmals zwangsuntergebracht wurden, sondern die Gesamtzahl der Unterbringungsfälle

Tabelle 25. Erst- und Zweitdiagnosen bei Zwangsunterbringungen (Fälle)

Diagnosen (nach ICD-9)	Erst-diagnose		Zweit-diagnose		Erst- und Zweitdiagnose	
	n	[%]	n	[%]	n	[%]
Gerontopsychiatrische Erkran-kung	121	(11,3)	9	(0,8)	130	(12,1)
Andere körperlich begründbare psychische Srörungen	30	(2,8)	18	(1,7)	48	(4,5)
Schizophrene Psychosen	302	(28,2)	18	(1,7)	320	(29,7)
Affektive und andere Psychosen	39	(3,6)	2	(0,2)	41	(3,8)
Alkohol- und Medikamentenmißbrauch	287	(26,8)	77	(7,1)	364	(33,8)
Drogenmißbrauch oder -abhän-gigkeit	14	(1,3)	33	(3,1)	47	(4,4)
Neurosen, Persönlichkeitsstörun-gen	259	(24,2)	50	(4,6)	309	(28,7)
Oligophrenien	6	(0,6)	2	(0,2)	8	(0,7)
Anfallsleiden	9	(0,8)	33	(3,1)	42	(3,9)
Nichtpsychiatrische Diagnosen	3	(0,3)	74	(6,9)	77	(7,1)
Keine Angabe	1	(0,1)	–	–	1	(0,1)
Keine Zweitdiagnose	–	–	762	(70,7)	–	–
Gesamt	1071	(100)	316		1387[a]	(128,7)[b]

[a] Nennungen von Diagnosen insgesamt.
[b] Prozent der Fälle über 100 wegen Mehrfachnennungen bei Erst- und Zweitdiagnosen.

nach Diagnosen auf, so ergibt sich eine nur unwesentliche Verschiebung. Der prozentuale Anteil der gerontopsychiatrischen Diagnosen wird etwas reduziert, die Diagnose Alkohol- und Medikamentenabhängigkeit erhält einen etwas größeren Anteil. Die Ursache liegt bei den sog. Repetenten, die mit meist gleicher Diagnose in der Jahresstatistik entsprechend der Zahl ihrer Zwangsunterbringungen mehrfach gezählt werden.

Da sich die meisten Repetenten bei den Alkoholikern finden, erhöht sich auf diesem Weg der Anteil der Diagnose Alkohol- und Medikamentenabhängigkeit. Da andererseits die gerontopsychiatrischen Patienten typischerweise nur einmal zur zwangsweisen Unterbringung kommen, entsteht hier nicht der Repetenteneffekt in der Jahresstatistik und deren Anteil wird entsprechend reduziert.

In dieser Untersuchung geht es nicht hauptsächlich um epidemiologische Fragestellungen im Zusammenhang mit dem PsychKG, sondern mehr um Fragen der Umstände und Verfahrensabläufe bei Zwangsunterbringungen. Dabei sind auch die Eigenheiten der Wiederholungsfälle in einem bestimmten Zeitraum von großem Interesse.

Daher bilden im folgenden grundsätzlich die Unterbringungsfälle die Analyseebene und nicht die Patienten. Falls davon abweichend doch auf Patienten Bezug genommen wird, so wird darauf jeweils gesondert hingewiesen.

Tabelle 26. Zugänge 1983 nach Diagnosen und Rechtsgrundlage (Angaben des Landschaftsverbands)

Diagnosen (Erstdiagnosen)	Rechtsgrundlage			n (gesamt)	Anteil PsychKG-Zugänge [%]
	frei-willig	Psych KG	Vormund Pfleger		
Gerontopsychiatrische Erkrankung	193	97	6	296	(32,8)
Andere körperlich begründbare Störungen	37	27	0	64	
Schizophrene Psychosen	537	247	19	803	(30,8)
Affektive Psychosen	337	56	2	395	(14,2)
Alkohol-/Medikamenten-/Drogen-mißbrauch	1417	267	14	1698	(15,7)
Neurosen/Persönlichkeitsstörungen	481	147	0	628	(23,4)
Oligophrenien	5	5	0	10	
Neurologische/somatische Erkrankungen	160	70[a]	4	234	
Keine Angaben	20	11	0	31	
n (gesamt)	3187	927	45	4159	(22,2)
[%]	(76,7)	(22,2)	(1,1)	(100)	

[a] Die Mehrzahl der unter neurologische/somatische Erkrankung gezählten Patienten gehört in die Rubrik Neurosen/Persönlichkeitsstörungen. Auf die Vergleichbarkeit hat dies keinen Einfluß.

2.9.3 Diagnosen nach Rechtsgrundlage der Neuzugänge

Um die Verteilung der Hauptdiagnosen in der Gruppe der freiwilligen Zugänge, der Zwangseinweisungen und der sehr kleinen Gruppe der Vormundschafts- bzw. Pflegschaftspatienten miteinander vergleichen zu können, wird die Statistik des Landschaftsverbands einbezogen. (Die Krankenaktenanalyse bezog sich ja ausschließlich auf die PsychKG-Verfahren.)

Über 40% aller Klinikzugänge sind Suchtpatienten, fast 30% Psychosen (davon ⅔ aus dem schizophrenen Formenkreis und ⅓ affektive Psychosen), etwa 20% Neurosen bzw. Persönlichkeitsstörungen, 7% gerontopsychiatrische Erkrankungen.

Der Anteil der PsychKG-Patienten an den Zugängen unterteilt nach Diagnosen ist unterschiedlich.

Bei den schizophrenen Psychosen beträgt der Anteil der Unterbringungspatienten fast ⅓, bei den gerontopsychiatrischen Erkrankungen ebenfalls etwa ⅓.

Von der großen Zahl der Suchtpatienten kommen 16% nach PsychKG zur Klinikaufnahme, bei den Neurosen bzw. Persönlichkeitsstörungen ist der Anteil der Unterbringungspatienten 23% (Tabelle 26).

Diese Zahlen beziehen sich auf die Zugänge. Wegen der kurzen Verweildauer der Suchtpatienten ergäben sich für den sog. Bestand völlig andere Relationen.

3 Diagnosegruppenrandauszählung

3.1 Gliederung des Gesamtkollektivs nach Diagnosen

Gegenstand dieser Untersuchung ist die Anwendungspraxis des PsychKG am Beispiel der Zwangsunterbringungen in der Großstadt Köln im Jahre 1983. Es soll der Frage nachgegangen werden, ob das PsychKG hauptsächlich bei den Fällen Anwendung findet, für die das Gesetz mit seinem Angebot von Schutz- und Hilfsmaßnahmen ursprünglich geschaffen wurde, oder ob sich inzwischen davon abweichende Anwendungsbereiche herausgebildet haben. Diese Frage hängt eng zusammen mit dem in der Öffentlichkeit und in Fachkreisen erörterten Vorwurf, es gäbe zu viele und zu voreilige Zwangsunterbringungen. Unabhängig von offensichtlichem Mißbrauch in Einzelfällen geht es darum, herauszufinden, ob es – gemessen am vom Gesetzgeber Gewollten – typische Fehlanwendungen des PsychKG-Instrumentariums gibt.

Die Darstellung der Gesamtauszählung von 1078 Unterbringungsfällen aus dem Jahre 1983 erlaubt zunächst nur rein quantitative Aussagen bezüglich der einzelnen untersuchten Merkmale. In dieses Gesamtkollektiv geht ein sehr heterogenes Patientengut ein mit großen Unterschieden bezüglich Sozialdaten, medizinischer Eigenheiten und bezüglich der Verfahrensabläufe.

Es reicht vom jungen, schon mehrfach stationär behandelten Psychotiker über den arbeitslosen Alkoholiker bis zum gerontopsychiatrischen Patienten, der erst- und einmalig in einem Verwirrtheitszustand zur Zwangsunterbringung in die Landesklinik kommt.

Es müssen also möglichst homogene Untergruppen des Gesamtkollektivs gefunden werden, die andererseits durch ihre zahlenmäßige Größe noch statistische Relevanz haben. Aus der klinischen Erfahrung ist bekannt, daß Patienten mit der gleichen Diagnose hinsichtlich ihrer Lebensumstände, psychiatrischer Vorgeschichte, Umständen der Zwangsunterbringung und stationärem Verlauf viele Gemeinsamkeiten haben, die sich zu einem Merkmalsprofil zusammenfügen lassen, das natürlich nur im „Idealfall" in allen Qualitäten erfüllt wird.

Unter 2.9 wurde die Verteilung der Diagnosen im Gesamtkollektiv aufgeschlüsselt nach Erst- und Zweitdiagnosen dargestellt. Dabei gilt die sog. Erstdiagnose als die klinisch im Vordergrund stehende Diagnose.

Angesichts der in der Praxis häufig vorkommenden diagnostischen Mischbilder mutet diese Unterteilung nach Erst- und Zweitdiagnosen im Einzelfall etwas schematisch an. Darüber hinaus zeigt die Erfahrung, daß die Zweitdiagnose häufig die soziale Situation und die Umstände, die zur Zwangsunterbringung führen, ebenso entscheidend beeinflußt wie die Erstdiagnose.

Um in dem oben beschriebenen Sinne Merkmalsprofile für in sich relativ homogene Subgruppen herauszuarbeiten, wird das Gesamtkollektiv im folgenden in die Hauptdiagnosegruppen gegliedert. Dabei werden dann Erst- und Zweitdiagnosen als gleichwertig berücksichtigt.

Die zusammenfassende Darstellung von Erst- und Zweitdiagnosen läßt folgende Aussage zu:

Die Diagnose Psychose (schizophren, affektiv) liegt in 33,5% aller Unterbrin-

gungsfälle vor, die Diagnose Neurose oder Persönlichkeitsstörung liegt in 28,7% aller Fälle vor, Alkohol- und Medikamentenabhängigkeit in 33,8% und eine gerontopsychiatrische Erkrankung besteht in 12,1% der Fälle.
Oben wurde gezeigt, daß mit diesen 4 Diagnosegruppen über 90% der Patienten erfaßt sind.
Diese 4 Hauptdiagnosegruppen bilden in der weiteren Darstellung der Untersuchungsergebnisse das Gliederungsprinzip für das Gesamtkollektiv.

3.2 Konstellation Erstdiagnosen – Zweitdiagnosen

Die Gliederung nach Diagnosegruppen soll das Herausformen von Merkmalsprofilen für bestimmte Patientengruppen ermöglichen. Dabei ist zu beachten, daß beispielsweise in das statistische Merkmalsprofil für Psychotiker auch zu einem gewissen Prozentsatz Anteile von gerontopsychiatrischen Patienten oder Alkoholikern eingehen. Diese sog. Interferenzen lassen sich für die 4 Hauptdiagnosen tabellarisch darstellen.
Es zeigt sich, daß die Krankheitsbilder bei Psychotikern und gerontopsychiatrischen Erkrankten meist mit einer Diagnose ausreichend beschrieben sind. Von den 361 Fällen mit der Diagnose Psychose ist lediglich in 2 Fällen, in denen Alkoholabhängigkeit als Erstdiagnose genannt ist, Psychose als Zweitdiagnose aufgeführt.
Werden Erst- und Zweitdiagnosen der Diagnosegruppe Psychose gleichwertig gezählt, so gehen die Merkmale von 2 Alkoholabhängigen in das statistische Gesamtprofil für die Psychotiker ein. In das Profil der 130 gerontopsychiatrischen Erkrankten gehen andererseits die Merkmale von 5 Psychotikern mit ein.
Von zahlenmäßiger Relevanz ist diese Tatsache in der Gruppe Neurosen und in der Gruppe Alkoholabhängigkeit. Die tabellarische Übersicht (Tabelle 27) zeigt, daß die Merkmale von 38 Alkoholikern in der Gesamtdarstellung der 309 Fälle mit der Diagnose Neurose einfließen. Andererseits gehen die Merkmale von 48 Neurotikern in die Gesamtstatistik der 364 Alkoholabhängigen ein.
In 48 Fällen besteht also die Kombination Neurose als Erstdiagnose und Alkoholabhängigkeit als Zweitdiagnose; in 38 Fällen besteht die Kombination Alkoholabhängigkeit als Erst- und Neurose als Zweitdiagnose.

Tabelle 27. Konstellation von Erst- und Zweitdiagnosen für die Hauptdiagnosegruppen (Fälle)

Diagnosen (Erst- und Zweitdiagnose)	Gesamtnennungen	Davon als Zweitdiagnose	Bei Erstdiagnosen			
			Psychose	Neurose	Alkohol	Geronto
Psychosen	361	10	–	1	2	7
Neurosen	309	44	6	–	38	0
Alkoholabhängigkeit	364	71	19	48	–	4
Gerontopsychiatrische Erkrankungen	130	8	5	2	1	–

Zwischen den Diagnosen Neurose und Alkoholabhängigkeit kommen die meisten Überschneidungen vor (Näheres über diesen Zusammenhang s. Kap. 4).
Zunächst ging es darum zu erklären, welches Gliederungsprinzip für das Gesamtdatenmaterial in der weiteren Darstellung Anwendung findet.

3.3 Diagnosestruktur und soziodemographische Merkmale

3.3.1 Geschlechtsverteilung

Bei Psychosen und Persönlichkeitsstörungen findet sich keine signifikante Abweichung der Geschlechtsverteilung gemessen an der Geschlechtsverteilung in der Bevölkerung (48,3% männlich zu 51,7% weiblich).
Bei den Alkoholabhängigen besteht die größte Abweichung: ⅔ der Zwangsunterbringungen mit der Diagnose Alkoholabhängigkeit beziehen sich auf Männer (Tabelle 28).
Analog dem hohen Frauenanteil bei den über 60jährigen in der Bevölkerung findet sich bei den zwangsuntergebrachten gerontopsychiatrischen Patienten ein deutliches Überwiegen der weiblichen Patienten.

Tabelle 28. Diagnosestruktur und Geschlechtsverteilung bei Zwangsunterbringung (Fälle in %)

Geschlecht	Psychose	Neurose	Alkohol	Geronto
Männlich	46,0	50,2	65,3	38,5
Weiblich	54,0	49,8	34,7	61,5
Gesamt	100	100	100	100

Tabelle 29. Diagnosestruktur und Altersverteilung (Fünfjahresschritte) bei Zwangsunterbringungen (Fälle in %)

Alter (Jahren)	Psychose	Neurose	Alkohol	Geronto
15–20	4,2	11,0	4,4	–
21–25	14,7	25,3	11,0	–
26–30	14,1	17,5	16,2	–
31–35	15,0	10,4	9,3	–
36–40	12,2	9,4	11,3	–
41–45	10,2	5,2	11,5	–
46–50	8,6	4,2	12,1	–
51–55	9,4	3,9	10,4	1,5
56–60	3,6	5,5	6,3	5,4
61–65	2,8	2,9	4,1	3,8
66–70	1,7	2,3	0,8	7,7
71–75	1,4	1,6	1,9	26,2
76–80	1,9	0,3	0,3	22,3
Über 80	0,3	0,3	0,3	33,1
Gesamt	100	100	100	100

3.3.2 Altersstruktur

Der Anteil der über 60jährigen ist bei Psychotikern, Neurotikern und Alkoholikern mit 7–8% gleichmäßig gering. Dieses Ergebnis entspricht dem frühen Manifestationsalter bei diesen Störungen.
Bei den Psychotikern sind etwa 50% bis 35 Jahre alt. Am jüngsten sind die Neurotiker, fast die Hälfte ist nicht älter als 25 Jahre.
In der Alterskurve der Alkoholiker findet sich eine Spitze bei den 26- bis 30jährigen und dann ein relatives hohes Plateau bei den 46- bis 50jährigen.
Definitionsgemäß sind die gerontopsychiatrischen Patienten im wesentlichen 60 Jahre und älter. Immerhin ist ⅓ dieser Patienten über 80 Jahre alt (Tabelle 29).

3.3.3 Nationalität

Die Ausländer sind, gemessen an ihrem Bevölkerungsanteil, bei den Zwangsunterbringungen unterrepräsentiert. Das trifft auf die Türken besonders deutlich zu. Bezüglich der Diagnosen sind die Ausländer bei den Neurosen und Persönlichkeitsstörungen überrepräsentiert mit 17,5%, hier auch deutlicher die Türken mit 6,2%.
Bei den gerontopsychiatrisch Erkrankten kommen keine ausländischen Patienten vor.

3.3.4 Familienstand

Naturgemäß ist der Familienstand in der Reihenfolge ledig – verheiratet/geschieden – verwitwet statistisch gesehen stark altersgebunden.
Bei den in der Mehrzahl jungen Neurotikern und Alkoholabhängigen mag der hohe Anteil Lediger im wesentlichen altersbedingt sein.
Die im Durchschnitt nicht ganz so jungen Psychotiker sind zur Hälfte ledig. Hier dürfte zusätzlich die krankheitsbedingte Isolation eine große Rolle spielen.
Im übrigen fallen die 11,3% getrennt Lebenden bei den Neurotikern und die 18,4% Geschiedenen bei den Alkoholikern auf.
Bei einem Durchschnittsalter von über 75 Jahren bei den gerontopsychiatrischen Patienten ist der Anteil von über 50% Verwitweten nicht überraschend (Tabelle 30).

Tabelle 30. Diagnosestruktur und Familienstand bei Zwangsunterbringungen (Fälle in %)

Familienstand	Psychose	Neurose	Alkohol	Geronto
Ledig	50,1	47,6	40,9	7,7
Verheiratet	22,2	23,6	25,5	33,1
Getrennt lebend	7,8	11,3	7,1	–
Geschieden	12,7	11,3	18,4	4,6
Verwitwet	6,6	5,5	7,7	52,3
Unbekannt	0,6	0,6	0,3	2,3
Gesamt	100	100	100	100

3.3.5 Lebens- und Wohnsituation

Über den amtlichen Familienstand hinaus ergeben sich bei individueller Auswertung der Sozialangaben im Hinblick auf die „Form des Zusammenlebens" etwas andere Zahlen. Danach leben allein:

57,7% der gerontopsychiatrischen Patienten,
45,4% der Psychotiker,
47,1% der Neurotiker,
49,5% der Alkoholabhängigen.

19,1% der Psychotiker leben bei den Eltern, 9% der gerontopsychiatrischen Patienten leben zusammen mit ihren Kindern.
Je nach Diagnosegruppe leben 80–90% der Patienten zum Zeitpunkt der Zwangseinweisung in Privatwohnungen.
Bei den Psychotikern leben 85% in einer Privatwohnung, 5,6% in Heimen, 4,7% sind ohne festen Wohnsitz. Nur 3,3% der zwangsuntergebrachten Psychotiker kommen aus einer therapeutischen Wohngemeinschaft oder einem psychiatrischen Übergangsheim. Diese niedrige Unterbringungsrate könnte damit zusammenhängen, daß diese Patienten schon zu Beginn einer Verschlechterung in der Obhut geschulter Betreuer sind, die dann eine krisenhafte Zuspitzung in Zusammenarbeit mit dem sozialpsychiatrischen Dienst des Gesundheitsamts oder mit niedergelassenen Nervenärzten oder der Ambulanz der RLK abzuwenden verstehen.
Ob andererseits diese Betreuer eine rechtzeitige stationäre Behandlung auf freiwilliger Basis erwirken und daher diese Patienten in der Statistik der Zwangsunterbringungen erst gar nicht auftauchen, ließ sich im Rahmen dieser Untersuchung nicht ermitteln.
Von den gerontopsychiatrischen Patienten lebten 78,5% bei Zwangseinweisung in die Klinik in ihrer Privatwohnung; 20,8% kamen aus Altenheimen, wo ja immerhin schon eine professionelle Betreuung stattgefunden hat, aber offensichtlich eine Zwangsunterbringung nicht zu vermeiden war.

3.3.6 Berufliche Situation vor der Zwangsunterbringung

Der größte Anteil arbeitslos Gemeldeter findet sich bei den sog. Neurotikern. Gleichzeitig besteht bei den Neurotikern die niedrigste Frührentnerrate. Hier läßt sich ein ursächlicher Zusammenhang zwischen dem relativ frischen Erleben des Arbeitslosenschicksals und der Krisensituation, die zur Zwangsunterbringung geführt hat, vermuten.
Der mit Abstand größte Anteil der Sozialhilfeempfänger findet sich bei den Alkoholabhängigen, die offensichtlich am dauerhaftesten aus dem Arbeitsleben herausfallen und dann nicht mehr zu integrieren sind.
Erwartungsgemäß zeigt sich bei den Psychotikern der höchste Anteil von Frührentnern. Das mag mit der Chronizität und der Eindeutigkeit der Erkrankung zusammenhängen.
Faßt man die Patienten, die weder berufstätig, noch in Ausbildung, noch berentet

sind, als Erwerbslose zusammen, so ergibt sich, daß Alkoholabhängige zu 53,9%
zu den Erwerbslosen zählen, Neurotiker zu 45,3% und Psychotiker zu 35,2%.
Die kleine Zahl beschützt beschäftigter Patienten bei den Zwangsuntergebrachten
kann dafür sprechen, daß in diesem Bereich betreute Patienten durch Hilfen vor
Ort vermehrt vor Dekompensation und Zwangsunterbringung bewahrt werden
können (Tabelle 31).
Es bleibt festzuhalten, daß bei Psychotikern, Neurotikern und Alkoholabhängigen, bei denen jeweils über 90% im erwerbsfähigen Alter von unter 60 Jahren sind,
nur bei etwa 20% Berufstätigkeit besteht. Rechnet man die Hausfrauen hinzu, sind
es bis zu 30% Erwerbstätige. Berufliche Desintegration und psychische Erkrankung bis zum Schweregrad der Zwangsunterbringung sind also in hohem Maß
assoziiert.

3.4 Diagnosestruktur und psychiatrische Vorgeschichte

3.4.1 Bisherige stationäre psychiatrische Behandlungen

Die Zahl der Voraufenthalte kann ein Anhalt für die Chronizität und Schwere der
psychiatrischen Erkrankung sein.
Psychotiker und Alkoholabhängige haben ein ähnlich ausgeprägtes Profil bezüg-

Tabelle 31. Diagnosestruktur und berufliche Situation vor der Zwangsunterbringung (Fälle in %)

Erwerbstätigkeit	Psychose	Neurose	Alkohol	Geronto
Berufstätig (Vollzeit, Teilzeit)	20,0	23,3	18,1	–
Hausfrau, Hausmann	9,4	10,0	6,0	5,4
Ausbildung, Wehr-, Zivildienst	8,3	7,1	2,8	–
Beschützt beschäftigt	0,2	0,3	–	–
Arbeitslos gemeldet	8,3	19,1	16,8	–
Anderweitig ohne Beschäftigung	26,9	26,2	37,1	0,8
Frührentner, Rentenverfahren	17,5	5,2	14,6	3,1
Altersrente, Pension	8,0	5,2	4,4	90,8
Unbekannt	0,8	3,2	0,3	–
Gesamt	100	100	100	100

Tabelle 32. Diagnosestruktur und Zahl der bisherigen stationären Behandlungen bei zwangsuntergebrachten Patienten (Fälle in %)

Zahl der Behandlungen	Psychose	Neurose	Alkohol	Geronto
Keine vorausgehende Behandlung	21,3	49,5	32,4	70,0
1–2 frühere Behandlungen	21,1	20,1	22,0	22,9
3–5 frühere Behandlungen	25,0	15,9	20,1	3,9
6–10 frühere Behandlungen	16,3	9,4	13,1	2,4
Mehr als 10 frühere Behandlungen	15,5	4,2	12,1	0,8
Unbekannt	0,8	1,0	0,3	–
Gesamt	100	100	100	100

lich der Vielzahl der Voraufenthalte. Nimmt man die später dargestellte Verweildauer als Kriterium hinzu, dann mag die Zahl der Voraufenthalte bei den Psychotikern ein Maß für die Schwere der Erkrankung sein. Bei den Alkoholabhängigen stellt sich dagegen die Frage nach der Indikation und Motivation für die stationäre Behandlung.

Die Hälfte der Neurotiker hatte keine Voraufenthalte. Bei dieser Gruppe scheint es sich um einmalige, wohl mehr reaktive Krisensituationen gehandelt zu haben.

Die gerontopsychiatrischen Patienten kommen überwiegend nur einmal in stationäre psychiatrische Behandlung. Danach scheint es zu einer angemessenen Betreuung insoweit zu kommen, daß weitere 1–2 Aufenthalte nur noch in etwa 20% erforderlich werden.

3.4.2 Erste Behandlung

Das Jahr der ersten stationären psychiatrischen Behandlung ergibt einen Anhalt für die Erkrankungsdauer oder Chronizität.

Das höchste Maß an Chronizität läßt sich bei den Psychotikern nachweisen. Zwar ist ¼ dieser Patienten 1983 erstmalig in stationäre psychiatrische Behandlung gekommen, andererseits liegt bei weiteren 25% der erste stationäre Aufenthalt mehr als 10 Jahre zurück, bei etwa 10% der Psychotiker sogar 20 Jahre und mehr.

Bei den Neurotikern hat die Mehrzahl keine stationären Voraufenthalte. Bei den Alkoholabhängigen ist die Hälfte erstmalig im Untersuchungsjahr oder im Vorjahr stationär behandelt worden. Andererseits gibt es eine weitere Gruppe von 30%, deren Erstaufenthalt schon 5 oder mehr Jahre zurückliegt.

In über 70% der Fälle von gerontopsychiatrischen Erkrankungen sind die Patienten 1983 erstmalig in stationäre Behandlung gekommen (Tabelle 33).

3.4.3 Abstand zu Voraufenthalt

Der Anteil der Patienten mit stationärem Voraufenthalt ist in den Diagnosegruppen sehr unterschiedlich. Die Psychotiker haben zu fast 80% Voraufenthalte, die gerontopsychiatrischen Patienten nur zu 30%.

Tabelle 33. Diagnosestruktur und Jahr der ersten stationären Behandlung bei zwangsuntergebrachten Patienten (Fälle in %)

Erstaufenthalt	Psychose	Neurose	Alkohol	Geronto
Im Untersuchungsjahr	25,1	54,7	37,6	70,8
Im Vorjahr	6,2	8,7	12,6	12,3
2 Jahre zurück	5,4	8,4	7,7	6,2
3–5 Jahre zurück	16,9	12,3	21,2	6,2
6–10 Jahre zurück	21,7	8,1	12,1	1,5
11–20 Jahre zurück	18,0	6,1	7,7	2,3
Mehr als 20 Jahre zurück	6,8	1,6	1,1	0,8
Gesamt	100	100	100	100

Tabelle 34. Diagnosestruktur und Abstand zwischen Entlassung aus Voraufenthalt und Wiederaufnahme (Fälle, Prozentzahlen kumuliert)

Abstand zu Voraufenthalt	Psychose	Neurose	Alkohol	Geronto
Bis zu 1 Woche	5,6	6,4	6,5	2,9
Bis zu 2 Wochen	9,2	10,9	11,9	3,9
Bis zu 4 Wochen	11,9	16,2	17,5	6,0
Bis zu 2 Monaten	15,4	20,4	27,1	8,1
Bis zu 3 Monaten	20,0	24,6	32,4	12,1
Bis zu 6 Monaten	34,5	31,5	45,3	16,1
Bis zu 1 Jahr	49,3	38,7	53,1	22,1
Bis zu 2 Jahren	62,9	40,9	60,9	28,1
Patienten mit Voraufenthalt	78,7	50,5	67,6	30,0
Patienten ohne Voraufenthalt	21,3	49,5	32,4	70,0
Gesamt (kumuliert)	100	100	100	100

Bei diesen Patienten wurde der zeitliche Abstand zwischen der jetzigen Aufnahme und der Entlassung aus dem vorangegangenen Aufenthalt untersucht. Je kürzer dieser Abstand, um so schwerer mag das Krankheitsbild sein oder um so eher stellt sich die Frage, ob der Voraufenthalt zu früh beendet worden ist. Man gerät hier in den Problembereich, der mit dem Schlagwort „Drehtürpsychiatrie" belegt ist.

Die Alkoholabhängigen haben die kürzesten Abstände zu den Voraufenthalten. Bei 17,6% liegt die Entlassung aus dem letzten Voraufenthalt nur bis zu 1 Monat zurück, bei den Psychotikern sind es 11,9%. Nach 2 Monaten sind 27,2% der Alkoholiker und 15,4% der Psychotiker erneut zur stationären Aufnahme gekommen.

Bei den Neurotikern kommt ein kleinerer Teil ähnlich rasch wie die Alkoholiker, ein größerer Teil kommt verzögert zur Wiederaufnahme.

Die gerontopsychiatrischen Patienten kommen überwiegend nur einmal zur stationären psychiatrischen Behandlung. Bei einem Anteil von 12,5% der Alterspatienten liegt die letzte Entlassung bis zu einem halben Jahr zurück (Tabelle 34).

3.4.4 Bisherige PsychKG-Verfahren

Psychotiker haben mit Abstand die größte Zahl an vorausgegangenen Zwangsunterbringungen. Das liegt in der Natur dieser chronischen psychiatrischen Erkrankung. Etwa 11% haben 5 und mehr frühere Zwangsunterbringungen. Im Rahmen dieser Untersuchung läßt sich leider nicht klären, über welchen Zeitraum sich bei einem Patienten die Zahlen verteilen oder ob es in der Vorgeschichte zu einer kurzfristigen Häufung von Zwangsunterbringungen gekommen ist.

Bei den Alkoholabhängigen waren einerseits über 50% der untersuchten Fälle erstmalige Zwangsunterbringungen, andererseits gingen in 5% der Fälle 8 und mehr Unterbringungen voraus (Tabelle 35).

Tabelle 35. Diagnosestruktur und Zahl der bisherigen Zwangsunterbringungen (*ZU*; Fälle in %)

Bisherige ZU	Psychose	Neurose	Alkohol	Geronto
Keine	43,7	68,5	56,4	82,2
1	20,6	12,5	17,3	11,6
2	13,5	6,3	9,3	4,6
3	7,0	5,4	5,7	–
4	4,6	2,7	3,1	–
5	4,8	1,3	1,6	–
6–7	2,4	1,6	1,9	0,8
8 und mehr	3,6	1,7	4,9	0,8
Patienten mit vorausgehender ZU	56,3	31,5	43,6	17,8
Gesamt	100	100	100	100

3.4.5 Rechtsstatus vor Aufnahme

Eine Vormundschaft zum Zeitpunkt der Zwangsunterbringung bestand bei 2,4% der Psychotiker, 2,6% der Neurotiker, 3,6% der Alkoholabhängigen und bei 0,8% der gerontopsychiatrischen Patienten. Eine Aufenthalts- und Behandlungspfleg-schaft bestand schon bei 6–7% der Alterspatienten.

3.5 Diagnosestruktur und Umstände der Unterbringung

3.5.1 Modus der Aufnahme

Überraschend ist, daß über ¼ der Psychotiker mit Zwangsunterbringung sich zunächst in freiwilliger stationärer Behandlung befand. Obwohl sich diese Patienten in einem angemessenen therapeutischen Milieu befinden und sicher optimal mit Psychopharmaka behandelt werden, kommt es doch noch zu einer gravierenden Verschlechterung mit Selbst- oder Fremdgefährdung. Will man nicht mutmaßen, daß erst die Kliniksituation zur entscheidenden Verschlechterung geführt hat, so dürfen diese Zahlen dahingehend gedeutet werden, daß auch bei Zusammenwirken aller Hilfen und Therapiemöglichkeiten Zwangsunterbringungen nicht grundsätzlich und bei allen Krankheiten zu vermeiden sind.

3.5.2 Ärztliche Einweisung

Mit der ärztlichen Einweisung in die psychiatrische Klinik ist die entscheidende Weichenstellung für den weiteren Weg des akut psychisch dekompensierten Patienten eingeleitet. Allerdings ist die ärztliche Einweisung noch nicht gleichbedeutend mit dem ärztlichen Zeugnis für den PsychKG-Antrag.
Die Psychotiker sind die typischen chronischen Psychiatriepatienten. Sie sind am längsten krank und haben die meisten Voraufenthalte, so daß sie auch im Sinne der vorsorgenden und nachgehenden Hilfe beim Gesundheitsamt bekannt sind. Immerhin werden in 10% der Fälle von Zwangsunterbringungen bei Psychotikern

Tabelle 36. Diagnosestruktur und Modus der stationären Aufnahme aller Zwangsunterbringungen (Fälle in %)

Modus der Aufnahme	Psychose	Neurose	Alkohol	Geronto
Direkt PsychKG	74,0	86,4	87,3	84,6
Zunächst freiwillig	26,0	13,6	12,7	15,4
Gesamt	100	100	100	100

die Patienten vom sozialpsychiatrischen Dienst des Gesundheitsamts eingewiesen.

Andererseits überrascht die große Zahl von Fällen ohne ärztliche Einweisung. Das mag teilweise auf der Vertrautheit dieser chronischen Patienten und ihrer Familien mit der Institution Landesklinik beruhen, so daß diese Patienten bei Verschlechterung von ihren Angehörigen ohne Hinzuziehen eines Arztes direkt in die Klinik gebracht werden.

Ein Teil der Psychotiker wird kontinuierlich von der Ambulanz der RLK betreut. Bei Verschlechterung ist die Ambulanz dann auch die erste Anlaufstelle, die ggf. dann die nötige Unterbringung auf der geschlossenen Abteilung veranlassen kann.

Jeweils 41% der Neurotiker und der Alkoholabhängigen werden von anderen Krankenhausambulanzen zugewiesen. Wie sich zeigen läßt, wird der Großteil dieser Patienten dann nur 1–2 Tage stationär behandelt. Hier stellt sich die Frage, warum Patienten, die sich schon in ärztlicher Obhut eines Allgemeinkrankenhauses befinden, für wenige Tage in eine psychiatrische Klinik verlegt werden müssen. Es wird zu klären sein, warum die Allgemeinkrankenhäuser sich nicht in der Lage sehen, für diese Patienten zu sorgen.

Fast die Hälfte der gerontopsychiatrischen Patienten wird von niedergelassenen Praktikern oder Internisten eingewiesen, im wesentlichen handelt es sich dabei um die Hausärzte. 18,5% der zwangsuntergebrachten Alterspatienten wurden von den Stationen anderer Krankenhäuser verlegt (Tabelle 37). Wie sich weiter unten zeigen läßt, handelt es sich meist um Verwirrtheitszustände und Desorientiertheit. Hier stellt sich die Frage, ob diesen Zuständen nicht mit den Möglichkeiten der Allgemeinkrankenhäuser zu begegnen gewesen wäre. Aus der gerontopsychiatri-

Tabelle 37. Diagnosestruktur und ärztliche Einweisungen der direkten Zwangsunterbringungen (Fälle in %)

Einweisende	Psychose	Neurose	Alkohol	Geronto
Niedergelassene Nervenärzte	12,5	5,8	3,6	10,0
Andere niedergelassene Ärzte	12,7	7,4	10,7	46,2
Gesundheitsamt	10,2	2,3	5,8	4,6
Notärzte und Sonstige	1,7	4,2	1,7	0,8
Andere Krankenhausambulanzen	20,5	41,1	40,9	11,5
Andere Krankenhausstationen	6,4	13,9	12,9	18,5
Ohne ärztliche Einweisung	36,0	25,2	24,5	8,5
Gesamt	100	100	100	100

schen Forschung ist bekannt, wie psychisch desintegrierend eine Veränderung der unmittelbaren räumlichen Umgebung auf alte Menschen wirkt. Um so mehr muß dies für eine Klinikverlegung mit zusätzlichem Wechsel des betreuenden Personals gelten.

3.5.3 Ärztliches Zeugnis

Für die Hälfte der eingewiesenen Psychotiker muß das ärztliche Zeugnis von Ärzten der RLK erstellt werden. Dieser hohe Anteil korreliert mit der großen Zahl von Patienten, die auch ohne ärztliche Einweisung in die Klinik kommen. Bei den Psychotikern spielt sicher eine Rolle, daß die meisten Patienten schon in der Landesklinik stationär behandelt worden sind und daß die Eindeutigkeit des Krankheitsbildes bei Angehörigen und Institutionen wie Polizei oder Feuerwehr im Falle einer Dekompensation den Transport in die psychiatrische Klinik ohne vorheriges Hinzuziehen eines Arztes rechtlich unbedenklich erscheinen läßt.

Bei Neurotikern und Alkoholikern wurden jeweils mehr als 50% von Allgemeinkrankenhäusern eingewiesen. Entsprechend hoch ist auch der Anteil, bei denen das ärztliche Zeugnis vom Allgemeinkrankenhaus stammt. Andererseits müssen auch hier bei über 40% der direkt zwangsuntergebrachten Patienten die Zeugnisse in der Aufnahmesituation von Ärzten der RLK angefertigt werden, wobei Angaben von Angehörigen, Nachbarn oder Fremden einen entscheidenen Einfluß haben können.

Bei den gerontopsychiatrischen Unterbringungsfällen ist der Anteil derer, die ohne ärztliches Zeugnis in die Klinik kommen, am höchsten. Andererseits ist der Anteil derer, die ohne ärztliche Einweisung kommen, am niedrigsten (Tabelle 38). Diese Diskrepanz läßt eine übergroße Zurückhaltung bei den einweisenden Ärzten – überwiegend Hausärzten – erkennen, die Verantwortung für die Zwangsunterbringung auch formal und damit offensichtlich vor den Patienten und ihren Angehörigen zu übernehmen. Hier mag letztlich eine Scheu der behandelnden Hausärzte wirksam sein, dem eigenen oft langjährigen Patienten nicht anders als mit den Mitteln des Zwangs begegnen zu können, was ja ärztlicherseits auch als ein Versagen erlebt werden kann.

Tabelle 38. Diagnosestruktur und ärztliche Zeugnisse der direkten Zwangsunterbringungen (Fälle in %)

Zeugnisersteller	Psychose	Neurose	Alkohol	Geronto
Niedergelassene Nervenärzte	8,6	3,4	1,9	4,6
Andere niedergelassene Ärzte	6,7	1,9	4,1	12,7
Gesundheitsamt	13,1	3,4	7,0	4,6
Notärzte und sonstige	1,2	1,4	0,6	–
Nichtpsychiatrische Kliniken	15,7	42,8	43,3	19,1
Psychiatrische Kliniken	5,3	3,8	2,9	0,9
Ambulanz der RLK	20,2	14,7	11,4	44,6
Bereitschaftsdienst RLK	29,2	28,6	28,8	13,6
Gesamt	100	100	100	100

3.5.4 Zeugnisse vor Einweisung

Bei den Neurotikern und den Alkoholikern werden jeweils etwa 80% der auswärtigen Zeugnisse von Nichtnervenärzten geschrieben, darunter etwa 57% von Internisten, im wesentlichen Krankenhausinternisten. Die hohe Zahl einweisender Krankenhausinternisten hängt damit zusammen, daß viele Neurotiker und Alkoholiker von Passanten, Angehörigen und Krankenwagenfahrern zunächst in die Ambulanz des zuständigen Stadtteilkrankenhauses gebracht werden.
Wie weiter unten ausgeführt wird, kommt es dann bei Androhung von Gewalt oder Äußern von Suizidabsichten rasch zur zwangsweisen Weiterleitung in die RLK, wo in der Regel die Zwangseinweisung nicht mehr rückgängig gemacht werden kann. Es entsteht der Eindruck einer relativ schematischen Anwendungspraxis der PsychKG-Möglichkeiten in diesem Bereich.
Bei den Psychotikern ist der Anteil der einweisenden Nervenärzte durch den Anteil überweisender psychiatrischer Kliniken und durch die Einweisungen des sozialpsychiatrischen Dienstes des Gesundheitsamts höher (Tabelle 39).

3.5.5 Zeitpunkt der Antragstellung

Hinsichtlich der Frage nach jahreszeitlichen Häufungen von PsychKG-Fällen ergaben sich für die einzelnen Monate und Diagnosegruppen im wesentlichen keine signifikanten Abweichungen. Lediglich bei den gerontopsychiatrischen Patienten gab es eine Häufung im Februar mit 11,5% und einen deutlichen Rückgang der Unterbringungsfälle von September bis November, am niedrigsten im September mit 4,6% aller Gerontofälle. Andere Abweichungen erscheinen trotz hoher Fallzahl insgesamt eher zufällig.
Bei der Verteilung auf die Wochentage ergeben sich je nach Diagnosegruppe signifikante Abweichungen (im Gesamtkollektiv 17,3% der Anträge freitags, 9,4% sonntags). Von den gerontopsychiatrischen Patienten kommen nur 3,1% sonntags, aber 21,5% donnerstags. Die niedrige Einweisungsquote der Alterspatienten am Wochenende mag mit der weitgehend fehlenden Erreichbarkeit der Hausärzte an Wochenenden zusammenhängen.
Alkoholiker kommen mit einer gewissen Bevorzugung freitags (19,2%); dieser Tag hat auch bei den Psychotikern den größten Anteil (18,3%).

Tabelle 39. Diagnosestruktur und ärztliche Zeugnisse von außerhalb der RLK nach Fachgruppen (Fälle in %)

Zeugnisersteller	Psychose	Neurose	Alkohol	Geronto
Nervenärzte (niedergelassen/Klinik)	53,3	19,8	21,5	26,1
Allgemeinärzte	7,4	1,9	3,1	13,1
Internisten	28,9	56,0	57,1	52,2
Chirurgen	2,2	17,7	13,1	4,3
Übrige Fachgruppen	8,2	4,6	5,2	4,3
Gesamt	100	100	100	100

Tabelle 40. Diagnosestruktur und Zeitpunkt der Zwangsunterbringung (*ZU*) bezogen auf Dienstzeiten der antragstellenden Ordnungsbehörde (Fälle in %)

Zeitpunkt der ZU	Psychose	Neurose	Alkohol	Geronto
Außerhalb der Dienstzeit	59,3	72,8	77,2	43,5
Innerhalb der Dienstzeit	40,7	27,2	22,8	56,6
Gesamt	100	100	100	100

Die Unterrepräsentanz des Wochenendes gilt für alle 4 Diagnosegruppen: gerontopsychiatrische Patienten mit 10,8%, Psychotiker mit 20,8%, Neurotiker mit 22,0% und Alkoholiker mit 23,6%. Der statistische Erwartungswert für Einweisungen am Wochenende mit 28,6% wird von keiner Gruppe erreicht. Als nächstliegende Erklärung mag für alle Gruppen gelten, daß die ärztlichen Dienste (Niedergelassene, Gesundheitsamt, Ambulanzen) am Wochenende schwerer zu erreichen sind.

Im gesetzlich vorgeschriebenen Verfahren gemäß PsychKG stellt die Ordnungsbehörde, gestützt auf das ärztliche Zeugnis, beim Amtsgericht den Antrag auf Zwangsunterbringung. In Köln ist die Ordnungsbehörde wie eine städtische Dienststelle besetzt, d.h. an Wochentagen von maximal 7.30 Uhr bis 16.30 Uhr. Unter diesem Gesichtspunkt ist es interessant zu errechnen, wie groß der Anteil der außerhalb der Dienstzeit der Ordnungsbehörde anfallenden Zwangsunterbringungen ist.

Fast ⅔ der Gesamtzahl der Zwangsunterbringungen fällt außerhalb der Dienstzeiten des Ordnungsamts an, d.h. in diesen Fällen muß die Zwangsunterbringung eingeleitet werden, ohne daß gleichzeitig der Antrag gemäß PsychKG seitens der Ordnungsbehörde beim Amtsgericht gestellt werden kann. Diese Situation läßt Fragen nach der tatsächlichen Funktion der Behörde innerhalb des Unterbringungsverfahrens aufkommen.

Am eklatantesten ist diese Diskrepanz zwischen Bestimmungen und tatsächlichem Ablauf des Verfahrens bei den zwangsuntergebrachten Alkoholikern und Neurotikern, bei denen in ¾ der Fälle nicht gleichzeitig der Antrag beim Amtsgericht gestellt wird.

In den Nachtstunden von 22.00–4.00 Uhr kommen 31,5% aller Alkoholiker zur Zwangseinweisung, bei den Psychotikern sind es 16,0% (im Gesamtkollektiv 23%) (Tabelle 40).

3.6 Diagnosestruktur und Angaben im ärztlichen Zeugnis

3.6.1 Schilderung der Tatbestände

Die den ärztlichen Antrag auf Zwangsunterbringung begründende Schilderung der Gefährdungstatbestände und die damit verbundene Initiative für das Zwangsunterbringungsverfahren geht von unterschiedlichen Personengruppen aus.

In über ⅓ aller Fälle stammt die Schilderung im Antrag lediglich von dem antragstellenden Arzt selbst. Das ist im Hinblick auf die Verifizierbarkeit der Schilderung eher unbefriedigend. Bei den Alkoholikern sind es sogar 44% der Zeugnisse, die sich in Angaben des gleichzeitig einweisenden Arztes erschöpfen.

Der Anteil der Angehörigen als Initiatoren der Zwangseinweisung ist bei den gerontopsychiatrischen Patienten am größten (33,8%). Dazu kommen bei den Alterspatienten die niedergelassenen Ärzte mit 23,8%.

Die Angehörigen werden auch bei den Psychotikern sehr häufig als Schilderer der Tatbestände angeführt (26,9%).

Polizei und Feuerwehr, die in einigen Untersuchungen als stigmatisierender Faktor im Rahmen des Zwangsunterbringungsverfahrens bezeichnet werden, sind bei Psychotikern und Neurotikern jeweils in 26% der Fälle als Schilderer der Tatbestände genannt.

Daß sich das ärztliche Zeugnis lediglich auf Äußerungen der Patienten selbst stützt, kommt am häufigsten (17,5%) bei den Neurotikern im Zusammenhang mit Suizidäußerungen vor.

3.6.2 Gefährdungseinschätzung

Auf der Schilderung der Tatbestände beruht die im ärztlichen Zeugnis vorgenommene formale Zuordnung der Gefährdungskategorien. Nach dem unter 2.6.4 („Tatbestandsmerkmale") Mitgeteilten überrascht nicht, daß sich bei Neurotikern mit 68,9% und bei Alkoholikern mit 56,9% die höchsten Prozentsätze mit reiner Eigengefährdung ergeben.

Bei den gerontopsychiatrischen Patienten ist für 40,8% reine Eigengefährdung, für 50% gleichzeitige Eigen- und Fremdgefährdung und für 6,2% reine Fremdgefährdung beschrieben.

Bei den Psychotikern lauten die Zuordnungen: 38% reine Eigengefährdung, 18% reine Fremdgefährdung und 40,7% gleichzeitig Eigen- und Fremdgefährdung.

Eine weitere Kategorisierung im ärztlichen Zeugnis benennt die „Gefahr für die öffentlichen Sicherheit und Ordnung", ein Delikt, das aus dem alten Landesunterbringungsgesetz (LUG), das mehr polizeirechtlichen Charakter hatte, übernommen ist.

Auf diese Gefährdung öffentlichen Sicherheit und Ordnung wurde in jeweils etwa 60% der Unterbringungsfälle von gerontopsychiatrischen Patienten und von Psychotikern erkannt, bei den Neurotikern sind es 30% und bei den Alkoholikern 40%.

Eine Auseinandersetzung mit diesem Gefährdungsaspekt erscheint notwendig.

3.6.3 Tatbestandsmerkmale

Bei der vergleichenden Betrachtung der Diagnosegruppen bezüglich Tatbestandsmerkmalen fällt auf, daß die Neurotiker mit der geringsten Zahl von Nennungen auskommen, während bei den gerontopsychiatrischen Patienten am häufigsten mehrere Tatbestände gleichzeitig angeführt werden. Das hängt mit dem Hauptmerkmal in den einzelnen Gruppen zusammen.

Bei den Psychotikern sind typischerweise für jeweils etwa ¼ der Fälle Verkennung von Personen und Situationen, Agitiertheit, Unruhe und Verfolgungsideen genannt. Bei 20% wird zusätzlich ein Erregungszustand beschrieben. Ein stuporöses Verhalten mit Nahrungs- und Behandlungsverweigerung kommt in etwa 5% der Unterbringungsfälle von Psychotikern vor. In etwa der Hälfte ist eine Gewaltthematik angesprochen. Die Suizidproblematik war bei 22,4% der Psychotiker der entscheidende Unterbringungsgrund, davon in 19,3% die Ankündigung von Suizid.

In der Diagnosegruppe der Neurosen und Persönlichkeitsstörungen ist in 77,3% Suizidankündigung oder -versuch ausschlaggebend. Sehr häufig ist dann kein weiteres Tatbestandsmerkmal genannt. Bei den 28,2% Suizidversuchen, die – wie oben beschrieben – meist aus den Ambulanzen der Allgemeinkrankenhäuser in die RLK gebracht werden, ist nicht in jedem Fall zu differenzieren, inwieweit es sich um eine demonstrativ-appellative Aktion oder um eine tatsächliche Absicht, sterben zu wollen, gehandelt hat. Insgesamt lassen die mitgeteilten Umstände in der Mehrzahl der Fälle auf ein reaktiv-appellatives Geschehen schließen.

In der Diagnosegruppe der Alkoholabhängigen spielt Hilflosigkeit durch Alkohol, prädelirante Symptomatik, Randalieren u. ä. naturgemäß eine größere Rolle als bei den übrigen Gruppen. Bemerkenswert ist auch bei den Alkoholikern der mit 40,6% sehr hohe Anteil an Suizidbegründungen im ärztlichen Zeugnis für die Zwangsunterbringung. Bei den Alkoholikern überwiegt dabei deutlich mit 31,8% der Fälle die Ankündigung von Suizid. Inwieweit ein möglicherweise leichtfertiges Aussprechen eines Suizidgedankens bei einem Alkoholisierten von den Einweisenden überbewertet wird, soll weiter unten erörtert werden. Die große Gruppe der Alkoholiker bedarf im Hinblick auf die Stichhaltigkeit der Indikation zur Zwangsunterbringung besonderer Aufmerksamkeit.

Bei den gerontopsychiatrischen Patienten sind in etwa 80% der Fälle Desorientiertheit und Verkennung von Personen, in 40% Agitiertheit und Unruhe als Tatbestandsmerkmal angegeben. Offensichtlich fühlten sich die Antragsteller veranlaßt, diese Zustände, die ja noch keine konkrete Gefährdung bedeuten müssen, durch einschlägigere Tatbestände zu ergänzen.

Nur so scheint es nachvollziehbar, daß über ⅓ der Alterspatienten ernstzunehmende Gewalt angedroht oder ausgeübt haben sollen. Danach lassen die Schilderungen in den ärztlichen Zeugnissen die gerontopsychiatrischen Patienten gewaltsamer erscheinen als die Alkoholiker.

In 15% spielen Verfolgungserlebnisse eine entscheidende Rolle. Bedrohliches selbstschädigendes Verhalten wie strikte Nahrungsverweigerung und Behandlungsverweigerung mit lebensbedrohlichen Konsequenzen kommt bei den gerontopsychiatrischen Patienten häufiger als bei den anderen vor.

Die Suizidproblematik spielt als Unterbringungsgrund bei den Alterspatienten eine vergleichsweise untergeordnete Rolle. Nur in 1,5% der Fälle bestand Zustand nach Suizidversuch, in 9,2% handelte es sich um eine Ankündigung von Suizid. Im Gesamtkollektiv dagegen wird in fast 40% der Fälle Suizidankündigung oder -versuch als entscheidender Unterbringungsgrund genannt (Tabelle 41).

Die niedrige Zahl bei den gerontopsychiatrischen Patienten scheint der allgemein hohen Suizidalität älterer Menschen zu widersprechen. Es muß allerdings beachtet werden, daß in dieser PsychKG-Untersuchung natürlich nicht die tatsächlich

Tabelle 41. Diagnosestruktur und Tatbestandsmerkmale im ärztlichen Zeugnis (Mehrfachnennungen, Fälle in %)

Tatbestandsmerkmal	Psychose	Neurose	Alkohol	Geronto
1) Desorientiert, Verkennung	23,3	5,8	16,5	79,2
2) Agitiertheit, Unruhe	25,2	7,1	13,2	40,0
3) Verfolgungsideen	23,3	5,2	6,9	15,4
4) Erregungszustand	19,9	15,9	13,7	11,5
5) Hilflosigkeit ohne Ursache	6,1	1,6	0,8	10,8
6) Hilflos durch Alkohol/Drogen	0,3	2,6	20,6	–
7) Prädelirante Symptome	0,6	2,9	15,9	–
8) Belästigung durch Lärm	2,8	0,6	1,6	1,5
9) Beschimpfen, Beleidigen	2,8	1,0	2,2	0,8
10) Randalieren	3,3	2,6	9,6	2,3
11) Androhung von Gewalt	13,9	5,2	9,3	8,5
12) Beschädigen von Gegenständen	9,4	3,9	3,6	3,1
13) Angriff mit Brachialgewalt	17,7	6,8	8,5	20,0
14) Angriff mit Waffen	1,7	–	0,8	–
15) Angriff mit Gegenständen	4,7	1,6	0,8	2,3
16) Brandstiftung	1,1	0,3	0,8	1,5
17) Verkehrsgefährdung als Fahrer	1,9	–	0,3	–
18) Verkehrsgefährdung als Fußgänger	3,6	2,3	2,5	12,3
19) Fahrbahnblockierung	1,4	1,0	0,5	–
20) Sozialer Rückzug, Isolation	1,4	1,6	0,5	0,8
21) Stuporöses Verhalten	4,7	1,6	0,3	–
22) Nahrungsverweigerung	4,7	1,9	1,1	6,9
23) Behandlungsverweigerung	2,2	1,9	3,3	4,6
24) Unzureichende Bekleidung	3,6	1,6	1,4	2,3
25) Verwahrlosung der Person	2,2	0,6	4,4	6,9
26) Verwahrlosung der Wohnung	0,8	0,3	1,1	2,3
27) Ankündigung von Suizid	14,1	30,7	21,4	9,2
28) Ankündigung bei früherem SV	4,7	18,4	10,4	–
29) Zustand nach Suizidhandlung	3,3	28,2	8,8	1,5
30) Sonstiges	1,1	–	0,3	–
31) Keine Angaben	0,6	0,3	–	–
Gesamt	206,6	153,7	181,3	243,8

gelungenen Suizide alter Menschen erfaßt sind. Es ist bekannt, daß Selbstmordversuche alter Menschen viel radikaler und effektiver ausgeführt werden als dies bei jüngeren der Fall ist.

Die große Gruppe der als suizidal eingewiesenen Patienten wird hinsichtlich soziodemographischer Daten und Verfahrensabläufe unten gesondert dargestellt. Es scheint sich um eine Schlüsselgruppe im Sinne der Hauptfragestellung der Untersuchung zu handeln.

Insgesamt muß berücksichtigt werden, daß die Tatbestandsmerkmale, die im ärztlichen Zeugnis als Begründung für den Antrag auf Zwangsunterbringung genannt werden, nicht in jedem Fall identisch sein müssen mit der tatsächlichen Gefährdung. Bei der Einleitung des Unterbringungsverfahrens haben Patient, Angehörige, einweisender und antragstellender Arzt Möglichkeiten der tendenziösen Darstellung oder auch der Fehleinschätzung. Eine Hinterfragung dieser Angaben kann eine Aktenanalyse nicht leisten.

Tabelle 42. Diagnosestruktur und Einwirkung von Alkohol, Drogen und Medikamenten bei Zwangsunterbringungen (Mehrfachnennungen, Fälle in %)

	Psychose	Neurose	Alkohol	Geronto
Alkoholeinwirkung	6,1	36,7	74,3	1,5
Drogeneinwirkung	0,3	1,3	3,0	–
Medikamentenintoxikation	0,8	6,2	9,1	–
Keine Einwirkungen der genannten Faktoren	92,8	57,5	17,7	98,5
Gesamt	100	100	100	100

3.6.4 Alkohol-, Medikamenten- oder Drogeneinwirkung bei Aufnahme

Zur richtigen Einschätzung der Gefährdung und der Psychopathologie ist es erforderlich zu wissen, ob die Patienten bei der Aufnahme eindeutig unter Alkohol-, Drogen- oder Medikamenteneinfluß stehen (Tabelle 42).

Drei Viertel der Patienten mit der Entlassungsdiagnose Alkoholabhängigkeit kamen alkoholisiert zur Aufnahme. Die oben beschriebenen Tatbstände, die als Beleg der Gefährdung dokumentiert wurden, müssen also bei den meisten dieser Patienten im Zusammenhang mit der Alkoholeinwirkung gesehen werden.

Dies gilt auch für die Neurotiker, bei denen wie oben dargestellt zu 77% Suizidankündigung oder -versuch als Gefährdungstatbestand genannt ist und die andererseits in 36,7% der Fälle alkoholisiert zur Aufnahme kamen. Hier stellt sich wiederum die Frage nach der Ernsthaftigkeit der Suizidäußerungen.

Der Zustand der Medikamentenintoxikation – ohne vitale Gefährdung – ist bei den Neurotikern und Alkoholikern meist in suizidaler Absicht herbeigeführt.

Patienten mit aktueller Drogeneinwirkung kamen relativ selten zur Aufnahme mit Zwangsunterbringung.

3.6.5 Psychiatrisch-klinische Syndrome bei Aufnahme

Hier geht es um die an der Psychopathologie orientierte Syndromzuordnung zum Zeitpunkt der Zwangsunterbringung. Diese ist zu unterscheiden von der endgültigen Diagnose, die zutreffend häufig erst gegen Ende einer stationären Behandlung benannt werden kann.

Das depressive Syndrom ist entsprechend der häufigen Nennung von Suizidankündigung oder -versuch als Tatbestandsmerkmal bei den Neurotikern in fast ¾ der Fälle für die Aufnahmesituation beschrieben.

Das maniforme Syndrom kommt fast nur bei den Psychotikern vor, dort immerhin in etwa ⅓ der Fälle.

Im Gegensatz zu anderen Untersuchungen ist der Anteil von Bewußtseinsgetrübten sehr gering.

Demenz und hirnorganisches Psychosyndrom sind typisch für die gerontopsychiatrischen Patienten (Tabelle 43).

Der relativ hohe Anteil von hirnorganischen Psychosyndromen bei den Alkohol-

Tabelle 43. Diagnosestruktur und psychiatrisch-klinische Syndrome bei Aufnahme (Mehrfach-nennungen, Fälle in %)

Psychiatrische Syndrome	Psychose	Neurose	Alkohol	Geronto
Depressives Syndrom	13,0	72,2	36,1	3,8
Maniformes Syndrom	18,8	2,3	1,7	–
Paranoides Syndrom	69,5	14,6	8,8	16,9
Stuporöses Syndrom	4,7	1,3	0,3	–
Bewußtseinstrübung	0,3	0,3	2,5	–
Demenz	0,8	–	0,6	33,1
Hirnorganisches Psychosyndrom	3,9	3,9	8,5	73,8
Delirantes Syndrom	2,2	13,3	62,8	1,5
Sonstiges	0,8	5,2	5,8	–
Unbekannt	1,1	1,3	0,8	–
Gesamt	115,2	114,2	127,8	129,2

Tabelle 44. Diagnosestruktur und Antragsgrund für die Zwangsunterbringungen (Fälle in %)

Antragsgrund	Psychose	Neurose	Alkohol	Geronto
Patient nicht zur freiwilligen Aufnahme bereit	62,3	72,4	58,9	41,1
Patient ist willenlos	37,7	27,6	41,1	58,9
Gesamt	100	100	100	100

abhängigen betrifft Patienten mit Korsakow-Syndrom, zum geringeren Teil Patien-ten, bei denen ein Schädel-Hirn-Trauma vorausgegangen ist.

3.6.6 Antragsgrund

Das ärztliche Zeugnis enthält auch Angaben über den prinzipiellen Antragsgrund. Alle oben beschriebenen Tatbestände und Gefährdungsaspekte würden ja keine Zwangsunterbringung rechtfertigen, wenn der Patient in eine stationäre Behand-lung einwilligen würde – vorausgesetzt, er wäre zu einer rechtsverbindlichen Wil-lensbekundung in der Lage.
Erwartungsgemäß ist Willenlosigkeit bei den gerontopsychiatrischen Patienten der häufigste Antragsgrund. Im Gegensatz dazu steht Nichteinwilligung in die statio-näre Aufnahme bei den Neurotikern ganz im Vordergrund.
Dem in anthropologisch-philosophischen Arbeiten zum Thema Zwangsunterbrin-gung erörterten Problem der fehlenden Krankheitseinsicht und des krankheitsbe-dingten Verlustes der inneren Freiheit und Entscheidungsfähigkeit läßt sich mit diesen schematischen Fragen natürlich nicht gerecht werden.

3.7 Diagnosestruktur und Unterbringungsverfahren

3.7.1 Primäre Unterbringungsform

Selbst bei den gerontopsychiatrisch Erkrankten und bei den Psychotikern, bei denen man erfahrungsgemäß mit einer gewissen zeitlichen Entwicklung der Symptomatik rechnen kann, sind offensichtlich die Umstände der Gefährdungssituation so akut eingetreten, daß auch bei diesen Patienten in 97% der Fälle nur noch eine sofortige Unterbringung nach § 17 ohne vorherige Anhörung durch einen Richter möglich ist.
Bei Neurotikern und Alkoholikern kommen fast nur Sofortunterbringungen vor.

3.7.2 Aufhebung nach § 17

Bei den Neurotikern und Alkoholikern konnten jeweils fast 14% der Patienten schon am Folgetag wieder aus der stationären psychiatrischen Behandlung entlassen werden. Oft liegen in dieser Gruppe zwischen Zwangsunterbringung und Klinikentlassung nur einige Stunden.
9,1% der Alkoholker stimmen einer offenen oder auch geschlossenen Weiterbehandlung zu, wobei diese Zustimmungen nicht selten von den Patienten widerrufen werden, ohne daß dann erneut ein PsychKG-Verfahren eingeleitet wird.

Tabelle 45. Diagnosestruktur und primäre Unterbringungsform (Fälle in %)

Rechtsgrundlage	Psychose	Neurose	Alkohol	Geronto
Sofortige Unterbringung (§ 17)	96,7	99,4	98,6	96,9
Einstweilige Unterbringung (§ 18)	3,3	0,6	1,4	3,1
Gesamt	100	100	100	100

Tabelle 46. Diagnosestruktur und Aufhebung bzw. Umwandlung des Unterbringungsbeschlusses nach § 17 (Fälle in %)

Aufhebungsgründe	Psychose	Neurose	Alkohol	Geronto
Entlassung des Patienten	0,8	13,6	13,7	0,8
Zustimmung zur Weiterbehandlung (rechtserheblich)	0,8	5,5	9,1	2,3
Aufhebung durch Richter bei Anhörung	1,1	4,9	4,4	3,8
Ärztliche Begründung vom Gericht nicht anerkannt	1,4	1,6	2,7	1,5
Fehlende Voraussetzungen (Einzelheiten unbekannt)	–	0,6	1,4	–
Aufhebung der Unterbringung nach § 17 (gesamt)	4,1	26,2	31,3	8,4
Umwandlungen in § 18	95,9	73,8	68,7	91,6
Gesamt	100	100	100	100

Tabelle 47. Diagnosestruktur und Aufhebung des Unterbringungsbeschlusses nach § 18 - Aufhebungsgründe (Fälle in %)

Aufhebungsgründe	Psychose	Neurose	Alkohol	Geronto
Entlassung des Patienten	14,0	40,4	34,6	13,7
Zustimmung zur geschlossenen Weiterbehandlung	10,8	11,4	23,3	5,1
Zustimmung zur offenen Weiterbehandlung	52,2	30,7	21,7	12,0
Zustimmung zur Weiterbehandlung (Modus unbekannt)	2,0	4,8	5,6	3,4
Aufhebung durch Richter bei Anhörung	6,7	7,5	5,2	5,1
Umwandlung in sonstige Unterbringung nach § 19	1,5	1,3	–	–
Umwandlung in andere Rechtsgrundlage	5,5	2,6	3,6	20,5
Keine explizite Aufhebung (2 Monate)	7,3	1,3	6,0	40,2
Gesamt	100	100	100	100

Eine dezidierte Ablehnung der ärztlichen Begründung für den Antrag auf Zwangsunterbringung kommt selten vor.

Es bleibt festzuhalten, daß es bei den Alkoholikern in etwa ⅓ der Fälle zur Aufhebung der Unterbringung nach § 17 und nicht zur Umwandlung in die einstweilige Unterbringung nach § 18 kommt. Auch dieser Verlauf wirft Fragen nach der Stichhaltigkeit der Indikation zur sofortigen Unterbringung in diesen Fällen auf.

3.7.3 Aufhebung nach § 18

Der Anteil der Fälle, in denen es nicht zur Umwandlung der sofortigen in die einstweilige Unterbringung kommt, ist unterschiedlich hoch, von 4,2% bei den Psychotikern bis 31,3% bei den Alkoholikern. Auch bei den nach § 18 Untergebrachten lassen sich die unterschiedlichen Arten der Aufhebung innerhalb der jeweiligen Diagnosegruppen zahlenmäßig aufschlüsseln.

Bei den Psychotikern ist die häufigste Art der Aufhebung der Unterbringung nach § 18 die Zustimmung des Patienten zur Weiterbehandlung auf einer offenen Station, nachdem eine mehr oder minder schnelle Entaktualisierung eingetreten ist.

Der Anteil der Patienten bei den Psychotikern, deren Unterbringung eine andere Rechtsgrundlage erfährt, rekrutiert sich aus den Fällen, bei denen schon vor Aufnahme in die Klinik eine Vormundschaft oder Pflegschaft bestand, dieser Rechtsstatus unter den akuten Aufnahmebedingungen aber zunächst nicht ausreichend bekannt war. Nach Klärung wurde der vorbestehenden Rechtsgrundlage für die Unterbringung der Vorzug gegeben.

Bei den Neurotikern und Alkoholikern kommt es entweder aus Anlaß der meist schnellen Entlassung oder aufgrund der Zustimmung zur Weiterbehandlung (geschlossen oder offen) zur Aufhebung der Unterbringung nach § 18.

Bei den Alkoholikern wird in fast ¼ der Fälle einige Tage nach Aufnahme eine Zustimmung zur Weiterbehandlung auf der geschlossenen Suchtstation erzielt, die gemäß Vertrag mit den Krankenkassen maximal 14 Tage behandeln darf.

Bei 40,2% der gerontopsychiatrischen Patienten wird die 2monatige Unterbringungsfrist voll ausgeschöpft. Es kommt nicht zu einer expliziten Aufhebung, sondern die zwangsweise Unterbringung endet nach Ablauf der 2 Monate automatisch.

Bei ⅕ der gerontopsychiatrischen Patienten wird während der maximal 8wöchigen Unterbringung nach § 18 eine Pflegschaft oder Vormundschaft eingeleitet und auch richterlich beschlossen, so daß die PsychKG-Unterbringung nahtlos in eine Unterbringung nach dem Familienrecht überführt werden kann.

Das Instrument der sonstigen Unterbringung nach § 19 kommt fast überhaupt nicht zu Anwendung.

3.7.4 Dauer der Zwangsunterbringung

In die Statistik der Dauer der Zwangsunterbringung für das Gesamtkollektiv gehen sowohl die 2monatigen Unterbringungen der gerontopsychiatrischen Patienten als auch die extrem kurzen Unterbringungen der Alkoholiker und Neurotiker ein. Die Aufschlüsselung nach Diagnosegruppen zeigt die Häufung der Kurzzeitunterbringungen.

Die Kürze der Zwangsunterbringungen ist bei den Alkoholikern am eindrucksvollsten. Einen Tag nach Beginn der Zwangsunterbringung ist die Unterbringung bei 40% der Alkoholiker schon wieder aufgehoben, nach spätestens 3 Tagen schon bei fast ⅔ der Alkoholiker. In dieser Zahl sind auch die 31,3% der Alkoholiker enthalten, bei denen spätestens am Folgetag die sofortige Unterbringung – ohne Umwandlung in den § 18 – schon wieder aufgehoben wurde.

Dies bedeutet andererseits, daß die mit viel behördlichem Aufwand und einem

Tabelle 48. Diagnosestruktur und tatsächliche Dauer der Zwangsunterbringungen (*ZU;* Fälle in %)

Dauer der ZU (Tage)	Psychose	Neurose	Alkohol	Geronto
0	1,5	12,2	10,0	0,8
1	4,0	21,7	30,4	9,3
2	3,6	12,2	11,2	3,4
3	6,1	11,9	12,7	3,4
4	4,9	4,9	5,0	5,9
5	4,0	3,8	5,0	1,7
6	5,2	4,2	4,7	3,4
7	3,0	4,2	1,5	–
8–14	17,9	11,5	8,6	4,2
15–21	15,2	3,8	2,4	4,2
22–28	7,9	1,0	1,8	3,4
29–42	10,9	1,7	1,8	7,6
43–62	9,7	3,1	3,8	44,9
63–93	4,6	2,8	0,9	7,6
94 und mehr	1,5	0,7	0,3	–
Gesamt	100	100	100	100

Tabelle 49. Diagnosestruktur und tatsächliche Dauer der Zwangsunterbringungen (*ZU*; Fälle, Prozente kumuliert)

Maximale Dauer der ZU in Tagen	Psychose	Neurose	Alkohol	Geronto
0	1,5	12,2	10,0	0.8
1	5,5	33,9	40,4	10,2
2	9,1	46,2	51,6	13,6
3	15,2	58,0	64,3	16,9
4	20,1	62,9	69,3	22,9
5	24,0	66,8	74,3	24,6
6	29,2	71,0	79,1	28,0
7	32,2	75,2	80,5	28,0
8–14	50,2	86,7	89,1	32,2
15–21	65,3	90,6	91,4	36,4
22–28	73,3	91,6	93,2	39,8
29–42	84,2	93,4	95,0	47,5
43–62	93,9	96,5	98,8	92,4
63–93	98,5	99,3	99,7	100,0
94 und mehr	100,0	100,0	100,0	
Gesamt (kumuliert)	100	100	100	100

ausführlichen richterlichen Beschluß verbundenen einstweilige Unterbringung bei ⅓ der Alkoholiker spätestens 2 Tage nach Beschlußfassung wieder aufgehoben wird bzw. wieder aufgehoben werden kann. Bei 75% der Alkoholiker ist die Zwangsunterbringung spätestens 5 Tage nach Aufnahme wieder aufgehoben, wozu selbstverständlich ein erneuter richterlicher Beschluß erforderlich ist.

Bei den Patienten mit der Diagnose Neurose oder Persönlichkeitsstörung (Aufnahmegrund überwiegend Suizidproblematik) sind die Zahlen ähnlich. Hier ist am Folgetag schon bei ⅓ der Patienten die Zwangsunterbringung wieder aufgehoben, nach 3 Tagen bei 58%. Eine Woche nach Beginn ist die Zwangsunterbringung bei ¾ der Neurotiker wieder aufgehoben. Bei kaum 8% der Fälle dauert die Unterbringung länger als einen Monat.

Bei den Psychotikern, bei denen insgesamt ein eindeutigeres Krankheitsbild besteht und die meist über eine gewisse Psychiatrieerfahrung verfügen, dauert die Unterbringung im Durchschnitt deutlich länger, etwa 4mal so lang wie bei Alkoholikern und Neurotikern. Nach spätestens 5 Tagen sind 25% der Zwangsunterbringungen bei Psychotikern aufgehoben, nach spätestens 2 Wochen 50% und nach spätestens 4 Wochen sind es 75%.

Bei den gerontopsychiatrischen Patienten dauert die Zwangsunterbringung am längsten. Bei fast der Hälfte kommt es zu keiner expliziten Aufhebung, d.h. die Unterbringung dauert in diesen Fällen 2 Monate – oder in Ausnahmefällen nach Verlängerung maximal 3 Monate.

3.8 Diagnosestruktur und Beendigung des stationären Aufenthalts

3.8.1 Gesamtdauer des stationären Aufenthalts

Mit der Verweildauer in den verschiedenen Diagnosegruppen verhält es sich ähnlich wie mit der Dauer der Zwangsunterbringung: Patienten mit der Diagnose Neurose/Persönlichkeitsstörung oder Alkoholabhängigkeit haben zum größeren Teil eine extrem kurze Verweildauer, Patienten mit der Diagnose Psychose oder gerontopsychiatrische Erkrankung eine deutlich längere Verweildauer.

Schon einen Tag nach stationärer Aufnahme sind 21% der Alkoholiker und 23% der Neurotiker wieder entlassen. 50% der Patienten aus diesen beiden Diagnosegruppen bleiben maximal 7 Tage. Von einer wirksamen Heilbehandlung wird bei solchen extrem kurzen Aufenthalten nicht die Rede sein können.

Bei den Psychotikern bleiben 50% der Patienten länger als 6 Wochen in stationärer Behandlung, bei den gerontopsychiatrischen Patienten beträgt die Verweildauer für 50% mehr als 8 Wochen.

Vergleicht man die Dauer der Zwangsunterbringung mit der Verweildauer in den einzelnen Diagnosegruppen, so zeigt sich, daß sich bei den Neurotikern und Alkoholikern nur in einem geringen Prozentsatz nach Aufhebung der Zwangsunterbringung noch eine therapeutisch sinnvolle stationäre Behandlungszeit anschließt, meist nur wenige Tage.

Bei den Psychotikern dagegen, bei denen 50% der Unterbringungsbeschlüsse nach spätesten 2 Wochen aufgehoben sind, ergibt sich für 50% der Patienten eine stationäre Behandlungsdauer von 6 Wochen.

Tabelle 50. Diagnosestruktur und Gesamtdauer des stationären Aufenthaltes zwangsuntergebrachter Patienten (Fälle in %)

Verweildauer (Tage)	Psychose	Neurose	Alkohol	Geronto
0	0,3	8,1	8,0	0,8
1	1,7	14,9	12,9	0,8
2	1,1	9,7	6,3	1,5
3	2,5	7,1	8,0	2,3
4	1,1	3,6	2,7	3,1
5	1,4	3,2	2,7	0,8
6	0,6	2,6	3,0	1,5
7	1,1	1,9	2,2	0,8
8–14	6,9	9,6	23,3	3,1
15–21	10,2	7,8	9,1	6,9
22–28	6,6	5,2	4,9	6,9
29–42	17,2	8,7	4,1	10,0
43–56	10,5	4,9	3,0	6,9
57–84	13,0	2,6	3,6	18,5
85–180	19,1	7,8	5,2	23,1
181–365	4,7	1,3	0,5	13,1
366–730	1,1	0,6	–	–
731 und mehr	0,8	0,3	0,3	–
Gesamt	100	100	100	100

Tabelle 51. Diagnosestruktur und Gesamtdauer des stationären Aufenthalts zwangsuntergebrachter Patienten (Fälle, Prozente kumuliert)

Maximale Verweildauer (Tage)	Psychose	Neurose	Alkohol	Geronto
0	0,3	8,1	8,0	0,8
1	1,9	23,0	20,9	1,5
2	3,0	32,7	27,2	3,1
3	5,5	39,8	35,2	5,4
4	6,6	43,3	37,9	8,5
5	8,0	46,6	40,7	9,2
6	8,6	49,2	43,7	10,8
7	9,7	51,1	45,9	11,5
8–14	16,6	60,8	69,2	14,6
15–21	26,9	68,6	78,3	21,5
22–28	33,5	73,8	83,2	28,5
29–42	50,7	82,5	87,4	38,5
43–56	61,2	87,4	90,4	45,4
57–84	74,2	90,0	94,0	63,8
85–180	93,4	97,7	99,2	86,9
181–365	98,1	99,0	99,7	100,0
366–730	99,2	99,7	100,0	
731 und mehr	100,0	100,0		
Gesamt (kumuliert)	100	100	100	100

Dieser rechnerische Vergleich deutet darauf hin, daß mit Psychotikern leichter eine Weiterbehandlung von angemessener Dauer zu vereinbaren ist. Andererseits ist bemerkenswert, daß auch bei diesen chronisch Kranken eine Entlassung in überschaubarem Zeitraum zu erreichen ist und damit am ehesten einer sog. Hospitalisierung entgegengewirkt wird. Nur 6,6% der Psychotiker bleiben länger als ½ Jahr in der Klinik.

3.8.2 Entlassung gegen ärztlichen Rat

Bei den gerontopsychiatrischen Patienten kam es nicht zu Entlassungen gegen ausdrücklichen ärztlichen Rat. Bei den Psychotikern waren es 16,4%, bei den Neurotikern 12,0% und bei den Alkoholikern 15,7%.
Bei 2,5% der Psychotiker kam es zu sog. Entweichungen. Die Zahl der Patienten, bei denen eine längere stationäre Behandlung indiziert war, ist in Wirklichkeit sicher größer. Hier wurden nur die Fälle gezählt, in denen die Patienten gegen den ausdrücklichen ärztlichen Rat die Behandlung abbrachen.

3.8.3 Ambulante Weiterbehandlung

27,7% der Patienten, die so schwer erkrankt waren, daß sie zwangsuntergebracht werden mußten, wurden entlassen, ohne daß mit ihnen eine Weiterbehandlung oder Nachbetreuung vereinbart wurde oder vereinbart werden konnte. Im Sinne des PsychKG ist dieser Zustand sehr unbefriedigend. Die Differenzierung nach Diagnosegruppen kann hier möglicherweise zu einer Erklärung führen.

In den meisten Fällen ist trotz der Möglichkeit der Mehrfachnennungen nur eine Weiterbehandlungsstelle oder Nachbetreuungsstelle genannt, so daß die Prozentzahlen über 100 nicht wesentlich hinausgehen. Lediglich bei den gerontopsychiatrischen Patienten kommen Mehrfachnennungen häufiger vor. Diese beziehen sich auf die Konstellation Altenwohnheim und niedergelassener Arzt. Durch die überwiegende Nennung nur einer Weiterbetreuungsstelle ist die Vergleichbarkeit unter den Diagnosegruppen erleichtert.

Am Beispiel der Fälle, bei denen keine Weiterbetreuung vereinbart werden konnte, zeigt sich, wie hilfreich die Aufgliederung des Gesamtkollektivs in die 4 Hauptdiagnosegruppen ist, um zu Erklärungsansätzen zu kommen. Für 27,7% aller Fälle war keine Weiterbetreuung vereinbart worden. Die gerontopsychiatrischen Patienten haben daran fast gar keinen Anteil, bei den Psychotikern sind es immerhin schon fast 12%.

Um so beeindruckender sind die Zahlen in den beiden anderen Gruppen: 47% der Alkoholiker werden ohne Nachbetreuung aus der stationären Behandlung entlassen, obwohl sie doch aufgrund ihrer Erkrankung in einen nach den Kriterien des PsychKG gefährlichen Zustand geraten waren. Der Aspekt der nachgehenden Hilfe entfällt hier völlig, womit der Entwicklung zur nächsten Zwangsunterbringung natürlich Vorschub geleistet wird.

Ähnlich bedrückend ist die Zahl der nicht weiterbetreuten Patienten mit der Diagnose Neurose oder Persönlichkeitsstörung. Diese Patienten gerieten in 77% der Fälle wegen Suizidalität in die Zwangsunterbringung. Berücksichtigt man, daß diese Patienten auch am schnellsten wieder entlassen werden, eine angemessene Konfliktbearbeitung somit gar nicht stattgefunden haben kann, so ist das Fehlen einer Nachbetreuung bei 44% der Neurotiker sehr unbefriedigend. Dieser Problematik in der Anwendung des PsychKG wird gesondert nachgegangen.

Auch für die Fälle, bei denen eine Weiterbetreuung vereinbart werden konnte, gibt es bezüglich der Weiterbetreuungsadressaten große Unterschiede zwischen den Diagnosegruppen. Erwartungsgemäß werden die Psychotiker hauptsächlich (50%) durch niedergelassene Nervenärzte weiterbehandelt. Das mag mit der heute für diesen Patientenkreis eingeführten differenzierten Psychopharmaka-, speziell Neuroleptikatherapie, zusammenhängen. Für etwa 16% der Psychotiker ist die Ambulanz der RLK die entscheidende Weiterbetreuungsstelle. Nur mit 1% wurde eine Weiterbetreuung durch das Gesundheitsamt vereinbart.

Überrraschend niedrig erscheint zunächst der Anteil der zwangsuntergebrachten Psychotiker, die in einer therapeutischen Wohngemeinschaft oder einem psychiatrischen Übergangsheim weiterbetreut werden, da doch diese Form der Therapie und Hilfe in den letzten Jahren in der Öffentlichkeit sehr propagiert worden ist. Bei der Bewertung ist aber zu berücksichtigen, daß das tatsächliche Angebot an solchen Plätzen relativ gering ist.

Außerdem wird psychotischen Patienten, die in einem solchen Heim leben und dort dekompensieren und für die Mitbewohner gefährlich werden, häufig nach der Zwangseinweisung gekündigt, wodurch eine Rückkehr nach Entlassung aus stationärer Behandlung sehr erschwert ist.

Das Hauptproblem bezüglich Weiterbehandlung bei Neurotikern und Alkoholi-

Tabelle 52. Diagnosestruktur und Weiterbehandlung bzw. Nachbetreuung nach Entlassung (Mehrfachnennung, Fälle in %)

Weiterbetreuung	Psychose	Neurose	Alkohol	Geronto
Niedergelassene Nervenärzte	49,6	19,5	9,9	9,2
Andere niedergelassene Ärzte	9,2	17,5	27,8	26,1
Ambulanz der RLK	15,9	8,8	1,9	–
Gesundheitsamt	1,1	0,3	2,2	–
Andere psychiatrische Klinik	6,4	3,6	3,0	6,2
Allgemeinkrankenhaus	1,1	1,9	3,6	5,4
Therapeutische Wohngemeinschaft/Übergangsheim	3,3	1,6	0,6	–
Altenwohnheim	2,8	0,6	2,5	50,8
Sonstige	0,6	3,2	2,2	–
Entfällt (Sterbefall)	2,2	0,3	–	9,2
Keine Weiterbehandlung oder Nachbetreuung vereinbart	11,7	43,8	47,1	1,5
Gesamt	103,9	101,3	100,8	108,5

kern ist der große Anteil der nicht Weiterbetreuten. 20% Neurotiker werden von niedergelassenen Nervenärzten weiterbehandelt, 9% erfahren eine therapeutische Anbindung in der Ambulanz der Landesklinik.

Hauptweiterbetreuungsadressat für die Alkoholiker sind die niedergelassenen Praktiker und Internisten, bedingt durch die zusätzlichen somatischen Auswirkungen der Alkoholabhängigkeit.

Die Hälfte der gerontopsychiatrischen Patienten wird nach der Entlassung in einem Altenheim untergebracht, wo dann meist eine ärztliche Weiterbetreuung durch Allgemeinärzte oder durch Internisten stattfindet. Berücksichtigt man, daß 20% der Alterspatienten schon aus einem Altenheim in die Landesklinik kamen, aber 50% dorthin verlegt werden, so bedeutet dies, daß 30% der gerontopsychiatrischen Patienten nicht mehr in ihre Privatwohnung zurückkehren.

Es stellt sich die Frage, ob für diese Patienten der Zwangsaufenthalt in der psychiatrischen Klinik lediglich der Regelung der dauerhaften Unterbringung in einem Altenheim dient, nachdem die Umgebung des alten Patienten vor dieser Aufgabe versagt hat.

Die Zahl von 9,2% in der Klinik verstorbener Alterspatienten ist gemessen an dem hohen Durchschnittsalter und verglichen mit den entsprechenden Zahlen anderer Untersuchungen sehr gering. Inwieweit hier Unterschiede in der geriatrisch-klinischen Gesamtversorgung zum Ausdruck kommen, bleibt offen.

3.8.4 Einleitung einer Vormundschaft/Pflegschaft

Bei 4,6% aller Patienten bestand schon zu Beginn der Zwangsunterbringung nach PsychKG eine Vormundschaft oder Aufenthaltspflegschaft. Dieser Rechtsstatus konnte aber erst nach der Aufnahme geklärt werden und dann zur Grundlage der weiteren Unterbringung gemacht werden.

Tabelle 53. Diagnosestruktur und Einleitung einer Vormundschaft/Pflegschaft (Fälle in %, Ausschnitt)

Familienrechtliche Regelung	Psychose	Neurose	Alkohol	Geronto
Vormundschaft eingeleitet	0,6	–	0,5	2,3
Aufenthaltspflegschaft eingeleitet	8,1	2,6	5,2	50,8
Behandlungspflegschaft eingeleitet	7,8	1,9	4,7	28,5

In nur 0,5% aller Fälle wurde im Zusammenhang mit der aktuellen Zwangsunterbringung nach PsychKG eine Vormundschaft eingeleitet. In 10,6% wurde eine Aufenthaltspflegschaft und in 7,4% aller Fälle eine Behandlungspflegschaft eingeleitet, entweder kombiniert oder unabhängig voneinander.

Bei der Differenzierung nach Diagnosemustern ergibt sich eine eindeutige Priorität für diese familienrechtlichen Lösungen. Bei mehr als der Hälfte aller gerontopsychiatrischen Patienten wurde aufgrund der langfristig ungünstigen Prognose eine Aufenthaltspflegschaft eingeleitet, in 28,5% der Fälle verbunden mit einer Behandlungspflegschaft.

Bei den Psychotikern wurde in etwa 8% der Fälle, bei den Alkoholikern in etwa 5% eine Aufenthaltspflegschaft – meist kombiniert mit einer Behandlungspflegschaft – eingeleitet. Vormundschaften kommen nicht nennenswert vor.

Es bleibt festzuhalten, daß in allen genannten Fällen die familienrechtlichen Lösungen erst nach Einleitung des PsychKG-Verfahrens angestrebt wurden.

4 Merkmalsprofile der Hauptdiagnosegruppen

Die Gliederung des Gesamtkollektivs in 4 relativ homogene Diagnosegruppen sollte dem Herausbilden von Merkmalsprofilen dienen. Angestrebt werden empirisch belegbare Aussagen zu der Frage, ob das PsychKG im wesentlichen noch auf den Patiententyp Anwendung findet, an den der Gesetzgeber in den 60iger Jahren bei der Schaffung des neuen Unterbringungsgesetzes gedacht hatte, oder ob sich inzwischen ganz andere Schwerpunkte in der Anwendung gebildet haben.

Aus den Bestimmungen über die vorsorgende und nachgehende Hilfe geht hervor, daß der Gesetzgeber damals offensichtlich Patienten mit einer chronischen psychiatrischen Erkrankung im Auge hatte.

Im Sinne der vorsorgenden Hilfe sollte bei einem Patienten, der dem Gesundheitsamt als psychisch krank bekannt ist, im Falle einer sich anbahnenden Verschlechterung, die möglicherweise zu Gefährdungssituationen führen könnte, ärztliche Hilfe durch den sozialpsychiatrischen Dienst angeboten werden. Sollte sich der Zustand aber weiter verschlechtern und eine Zwangseinweisung drohen, dann sollte früh genug über die Ordnungsbehörde beim Amtsgericht ein Antrag auf Unterbringung gestellt werden. Der Richter müßte im Idealfall noch Gelegenheit haben, den Patienten und seine Angehörigen zu dem Antrag auf Zwangsunterbringung, besonders bezüglich der behaupteten aktuellen Gefährdung, anzuhören.

Im intendierten Regelfall der Unterbringung nach § 18 sollte der Patient nach Aufhebung des Beschlusses noch ausreichend lange stationär behandelt werden, um dann stabilisiert in ambulante Weiterbehandlung oder Nachbetreuung entlassen werden zu können.

Für den Fall einer länger als 2–3 Monate erforderlichen Zwangsunterbringung wurde die „sonstige Unterbringung" nach § 19 geschaffen, deren Grundlage ein besonderes fachärztliches Gutachten ist. Aus der Unterbringung nach § 19 ist eine vorläufige Entlassung mit Auflagen möglich.

Im Sinne der nachgehenden Hilfe sollte dem Patienten nach Entlassung aus stationärer psychiatrischer Behandlung ärztlich geleitete Beratung und Betreuung den Übergang in das Leben außerhalb des Krankenhauses erleichtern.

Im folgenden soll untersucht werden, welche Patientengruppe mit ihren Merkmalen diesen vom Gesetzgeber erdachten Regelungen und Angeboten noch am ehesten entspricht und welche davon am weitesten entfernt ist. Zu diesem Zweck werden die 4 Hauptdiagnosegruppen noch einmal zusammengefaßt dargestellt.

4.1 Patienten mit der Diagnose Psychose

Diese Patienten machen in der vorliegenden Untersuchung über Zwangsunterbringungen etwa ⅓ des Gesamtkollektivs aus.

Verglichen mit der Bevölkerung ist der Anteil der männlichen Patienten etwas höher. Aufgrund des frühen Manifestationsalters ist die Hälfte unter 35 Jahre alt. 50% sind ledig, fast ebenso viele leben alleine. Der Anteil der Frührentner ist relativ hoch. Darüber hinaus ist mehr als ⅓ der Patienten im erwerbsfähigen Alter erwerbslos.

Die Psychotiker haben statistisch betrachtet die längste und – bezüglich der Zahl der stationären Behandlungen – die intensivste psychiatrische Vorgeschichte. Ein Drittel hatte 6 und mehr Voraufenthalte. Bei ¼ der Patienten lag der erste stationäre Aufenthalt mehr als 10 Jahre zurück. 12% waren erst vor weniger als einem Monat aus stationärer Behandlung entlassen worden, bei 35% lag die Entlassung aus dem letzten Aufenthalt höchstens ein halbes Jahr zurück. Die Psychotiker haben auch die größte Zahl an vorausgegangenen Zwangsunterbringungen (11% haben 5 und mehr frühere Unterbringungen).

In über ¼ der Fälle befanden sich die Patienten zunächst freiwillig in stationärer Behandlung, als sie in einen Zustand gerieten, der die Unterbringung auf einer geschlossenen Station erforderlich machte. Darunter befindet sich eine gewisse Zahl von Patienten, bei denen es schon wenige Stunden nach dem Versuch einer freiwilligen Aufnahme dann doch zur Zwangsunterbringung kam. Andererseits gibt es eine Anzahl von Psychotikern, die nach Aufhebung der Zwangsunterbringung freiwillig weiterbehandelt wurden und dann während desselben Aufenthalts erneut gemäß PsychKG untergebracht werden mußten.

Unter den Psychotikern findet sich der höchste Anteil an Patienten, die ohne ärztliche Einweisung in die Klinik kommen (36%). Dabei spielt die Vertrautheit mit den Behandlungseinrichtungen eine gewisse Rolle. 10% werden vom sozialpsychiatrischen Dienst des Gesundheitsamts eingewiesen. Für die Hälfte aller Zwangsunterbringungen bei Aufnahme muß das ärztliche Zeugnis für den PsychKG-Antrag von Ärzten der RLK erstellt werden.

Bei den Tatbeständen werden am häufigsten Verkennung von Situationen und Personen, Agitiertheit, Äußern von Verfolgungsideen, Erregungszustand genannt. Dazu kamen bei 50% Androhung oder Ausübung von Gewalt gegen Personen oder Sachen, ein Tatbestand, der die eigentliche Gefährdung belegen soll. Bei 19% wird Ankündigung von Suizid als ausschlaggebend genannt. Für 70% wird ein paranoides Syndrom bei Aufnahme beschrieben, für 19% ein maniformes Syndrom.

Im Vergleich mit den anderen Diagnosegruppen werden bei den Psychotikern die meisten sofortigen Unterbringungen spätestens am Folgetag in die einstweilige Unterbringung umgewandelt (96%), d.h. das Fortbestehen einer Eigen- oder Fremdgefährdung wird bestätigt. Mit der Aufhebung der einstweiligen Unterbringung verbindet sich bei über der Hälfte die Zustimmung zur offenen Weiterbehandlung.

Die Dauer der Zwangsunterbringungen ist bei den Psychotikern am längsten, abgesehen von den gerontopsychiatrisch Kranken. Bei 50% dauert sie über 2 Wochen. Lediglich bei 6% ist die Zwangsunterbringung am Folgetag schon wieder aufgehoben.

Analog verhält es sich mit der Verweildauer. In 50% der Fälle dauert der stationäre Aufenthalt länger als 6 Wochen. Darunter befinden sich lediglich 6%, die länger als ein halbes Jahr bleiben. Im Durchschnitt folgt bei den Psychotikern der Zwangsunterbringung eine noch einmal doppelt so lange freiwillige Weiterbehandlung.

In 8% der Fälle wird eine Aufenthaltspflegschaft eingeleitet, die meist mit einer Behandlungspflegschaft verbunden ist.

16% beenden die stationäre Behandlung gegen ärztlichen Rat. Die Hälfte der Psychotiker wird von niedergelassenen Nervenärzten weiterbehandelt, 16% von der Ambulanz der RLK. Mit 12% der Patienten kann keine Weiterbehandlung oder -betreuung vereinbart werden.

4.2 Patienten mit der Diagnose Neurose oder Persönlichkeitsstörung

Ein Viertel der zwangsuntergebrachten Patienten hatte die Diagnose Neurose oder Persönlichkeitsstörung.
Das Geschlechtsverhältnis ist in dieser Gruppe ausgeglichen. Diese Patienten sind am jüngsten: 36% bis 25 Jahre.
Verglichen mit den anderen Diagnosegruppen sind die Ausländer hier überrepräsentiert. Knapp 50% sind ledig, ebenso viele leben alleine. Der Anteil der arbeitslos Gemeldeten ist bei den Neurotikern mit 19% am höchsten. Als erwerbslos im erwerbsfähigen Alter sind 45% zu bezeichnen.
Die Patienten mit der Diagnose Neurose haben eine eher kurze Behandlungsvorgeschichte. 50% haben keinen Voraufenthalt. Lediglich bei 15% liegt die erste stationäre Behandlung 6 oder mehr Jahre zurück. 16% waren höchstens 4 Wochen vorher aus stationärer Behandlung entlassen worden. ⅔ hatten bisher keine Zwangsunterbringung.
In 86% der Fälle kommt es gleichzeitig mit der Aufnahme auch zur Zwangsunterbringung, bei 14% erst während der zunächst freiwilligen stationären Behandlung. Mit 41% ist der Anteil der Patienten, die von anderen Krankenhausambulanzen zugewiesen werden, besonders hoch. Dazu kommen noch 14% Verlegungen von Krankenhausstationen. Ein Viertel kommt ohne Einweisung.
43% kommen auch ohne Zeugnis gemäß PsychKG. 80% der auswärtigen Zeugnisse stammen entsprechend den zuweisenden Instanzen (Ambulanzen oder Stationen von Allgemeinkrankenhäusern) von Nichtnervenärzten – im wesentlichen Internisten. Fast ¾ der Zwangsunterbringungsfälle entwickeln sich außerhalb der Dienstzeit der Ordnungsbehörden.
Bei den die Zwangsunterbringung begründenden Tatbeständen dominiert völlig die Suizidthematik – in 77% aller Neurotikerfälle. Darin enthalten sind fast 50%, bei denen die Ankündigung oder Androhung eines Suizids die Zwangsunterbringung veranlaßte.
72% aller Patienten waren nicht zur freiwilligen Aufnahme bereit, 28% wurden als willenlos bezeichnet.
37% der Neurotiker waren zum Zeitpunkt der Einleitung der Zwangsunterbringung eindeutig alkoholisiert. Als klinisch-psychiatrisches Syndrom bei Aufnahme wurde in 72% der Fälle depressives Syndrom angegeben.
Immerhin in 26% der Fälle von Neurotikern wurde die Zwangsunterbringung mit der Aufhebung der sofortigen Unterbringung spätestens am Folgetag beendet, im wesentlichen durch Entlassung oder rechtserhebliche Zustimmung zur Weiterbehandlung.
Der Aufhebungsbeschluß für die einstweilige Unterbringung nach § 18 ist überwiegend ebenfalls durch die Entlassung begründet, im zweiten durch die Zustimmung zur Weiterbehandlung auf einer offenen Station.

Bei ⅓ der zwangsuntergebrachten Neurotiker wird die Zwangsunterbringung schon am Tag nach Einleitung wieder aufgehoben, nach 2 Tagen sind es schon knapp 50%.
Ganz analog verhalten sich die Zahlen bei der Verweildauer der anfänglich zwangsuntergebrachten Neurotiker. Die Patienten haben die kürzeste Verweildauer überhaupt: 40% bleiben höchstens 3 Tage in stationärer Behandlung, 23% werden schon nach einem Tag entlassen. Nur ¼ der Patienten bleiben länger als 4 Wochen. Insgesamt schließt sich bei den Neurotikern an die Zwangsunterbringung keine nennenswerte stationäre Weiterbehandlung mehr an. Eine Aufenthalts- oder Behandlungspflegschaft wird nur bei wenigen Neurotikern eingeleitet. 12% brechen die stationäre Behandlung gegen ärztlichen Rat ab.
In 44% der Fälle konnte mit den Patienten keine Weiterbetreuung vereinbart werden. 20% gehen zum niedergelassenen Nervenarzt.

4.3 Patienten mit der Diagnose Alkoholabhängigkeit

Bei 27% aller Patienten ist Alkoholabhängigkeit als Erstdiagnose angegeben, bei weiteren 7% als Zweitdiagnose, meist in Verbindung mit Neurosen.
Bei den Alkoholabhängigen sind die Männer mit 65% deutlich überrepräsentiert.
Bei der Altersverteilung besteht eine gewisse Zweigipfeligkeit, einerseits bei den 26- bis 30jährigen und andererseits bei den 46- bis 50jährigen.
Bei den Alkoholikern findet sich der höchste Anteil Geschiedener mit 18,4% der Fälle; 41% sind ledig, 50% leben alleine. Der Anteil der Patienten ohne berufliche Beschäftigung ist bei den Alkoholikern am höchsten: 54% sind als erwerbslos zu bezeichnen.
Zwei Drittel der Patienten haben stationäre Vorerfahrungen, in einer Häufigkeit, die jener bei den Psychotikern gleicht. Der erste stationäre Aufenthalt liegt meist 3–5 Jahre zurück. Ein beachtlicher Prozentsatz (17,5%) ist höchstens 4 Wochen vorher aus dem vorangegangenen Aufenthalt entlassen worden.
26% haben 1–2 voraufgehende Zwangsunterbringungen. In 5% der Fälle gingen der aktuellen Unterbringung 8 und mehr PsychKG-Verfahren voraus.
87% wurden direkt bei der Aufnahme auch zwangsuntergebracht. Die Zuweisungsinstanzen sind ganz ähnlich wie bei den Neurotikern vertreten: 41% der Alkoholiker wurden von Ambulanzen der Allgemeinkrankenhäuser eingewiesen, 13% von Stationen. Ein Viertel kam ohne ärztliche Einweisung, 40% kamen auch ohne ärztliches Zeugnis für den Unterbringungsantrag. Von den außerhalb der RLK erstellten Zeugnissen stammen fast 80% von Nichtnervenärzten.
Die Alkoholabhängigen kommen gehäuft freitags und zu 77% außerhalb der Dienstzeiten der Ordnungsbehörde. Die Hälfte der Unterbringungsfälle kommt zwischen 22.00 Uhr und 4.00 Uhr.
Von den Tatbeständen ist in 41% der Fälle die Suizidproblematik ausschlaggebend, dabei in 32% lediglich als Ankündigung oder Androhung. Daneben werden am meisten Hilflosigkeit durch Alkohol und prädelirante Symptomatik genannt.
41% der Patienten wurden als willenlos bezeichnet.
74% der Patienten, bei denen die Diagnose Alkoholabhängigkeit besteht, kamen auch alkoholisiert zur Aufnahme bzw. Unterbringung. Als klinisch-psychiatrisches

Syndrom steht ganz im Vordergrund natürlich das delirante Syndrom, daneben hauptsächlich ein depressives Syndrom.

Bei fast ⅓ aller Alkoholiker wird die Unterbringung nach § 17 spätestens am Folgetag wieder aufgehoben und nicht in eine einstweilige Unterbringung umgewandelt. Anlaß ist entweder die Entlassung oder die Zustimmung zur Weiterbehandlung. Bei den Alkoholikern kommen am ehesten Einzelfälle vor, in denen die ärztliche Begründung für die Zwangsunterbringung vom Gericht nicht anerkannt wird.

Bei der Aufhebung der einstweiligen Unterbringung spielt bei den Alkoholikern die Zustimmung zur geschlossenen Weiterbehandlung eine große Rolle. Das bedeutet konkret die Zustimmung zu einer maximal 14tägigen Behandlung auf der geschlossenen Suchtstation.

Die Alkoholiker haben die eindeutig kürzeste Dauer der Zwangsunterbringung – sowohl nach § 17 als auch § 18. Bei 40% ist die Unterbringung am Folgetag schon wieder aufgehoben, bei ⅔ der Fälle nach 3 Tagen.

Die Verweildauer ist durchschnittlich nicht ganz so kurz. Aber immerhin 21% sind nach nur einem Tag schon wieder entlassen, 35% nach 3 Tagen. Nur 17% der Alkoholabhängigen bleiben länger als 4 Wochen in stationärer Behandlung.

Bei 5% wird während der Unterbringung eine Aufenthaltspflegschaft eingeleitet; 16% brechen die stationäre Behandlung gegen ärztlichen Rat ab.

Mit 47% der Alkoholiker konnte keine ambulante Weiterbehandlung oder Nachbetreuung vereinbart werden. Nur wenige werden von der Ambulanz der RLK oder vom Gesundheitsamt weiterbetreut. Meist wird ein niedergelassener Praktiker oder Internist angegeben.

4.4 Patienten mit der Diagnose gerontopsychiatrische Erkrankung

Die gerontopsychiatrischen Patienten haben einen Anteil von etwa 12% am Gesamtkollektiv. Sie nehmen bezüglich soziodemographischer Daten, psychiatrischer Vorgeschichte, Umständen der Unterbringung und Verfahrensmerkmalen eine Sonderstellung ein.

Entsprechend der Geschlechtsverteilung in gleichen Altersgruppen in der Bevölkerung überwiegen bei den zwangsuntergebrachten Alterspatienten die Frauen. Die Hälfte der Patienten sind über 80 Jahre alt, über 50% sind verwitwet, fast 60% leben allein; 21% lebten vor Aufnahme in Altenheimen.

Die psychiatrische Anamnese ist meist kurz. 70% hatten keine vorausgehende stationäre psychiatrische Behandlung, der Rest 1–2 Voraufenthalte. Noch geringer ist die Zahl mit früheren Zwangsunterbringungen.

85% kamen direkt zur Zwangsunterbringung, 15% wurden zunächst freiwillig behandelt. Fast die Hälfte wird von niedergelassenen Nichtnervenärzten eingewiesen. Dazu kommt ein relativ großer Anteil Verlegungen von Stationen der Allgemeinkrankenhäuser. Wenige gerontopsychiatrische Patienten kommen ohne Einweisung, aber die meisten ohne ärztliches Zeugnis für die Zwangsunterbringung (fast 60%). Auffallend wenige Unterbringungen erfolgen an Wochenenden, mehr als die Hälfte innerhalb der Dienstzeiten des Ordnungsamts.

Bei den Tatbeständen überwiegt Desorientiertheit und Verkennung von Personen und Situationen (80%). Bei 40% der Fälle werden Unruhe und Agitiertheit angegeben, bei mehr als 50% Androhung oder Ausübung von Gewalt.

Fast 60% der gerontopsychiatrischen Patienten sind zum Zeitpunkt der Unterbringung willenlos. Alkoholeinwirkung bei Aufnahme kommt nicht nennenswert vor. Als klinisches Syndrom wird meist Demenz oder hirnorganisches Psychosyndrom angegeben. In 17% der Fälle bestand bei Aufnahme ein paranoides Syndrom.

Bei 8% der zwangsuntergebrachten Alterspatienten wird die sofortige Unterbringung nicht in eine einstweilige umgewandelt. Bei den nach § 18 untergebrachten kommt es in 40% nicht zu einer expliziten Aufhebung, da die gesetzlich möglichen 2 Monate Unterbringungsdauer ausgeschöpft werden.

Bei weiteren 20% kommt es nahtlos zu einer Umwandlung der Rechtsgrundlage für die Unterbringung, meist in eine familienrechtliche Regelung. Bei insgesamt der Hälfte der gerontopsychiatrischen Patienten wird eine Aufenthaltspflegschaft eingeleitet, in 30% verbunden mit einer Behandlungspflegschaft.

Die Dauer der Zwangsunterbringung ist bei den Alterspatienten am längsten, ebenso die Verweildauer. Über 50% werden länger als 2 Monate stationär behandelt, 13% länger als ein halbes Jahr. Bezüglich der Nachbetreuung scheinen die Zahlen der gerontopsychiatrischen Patienten nicht so auffallend wie in den anderen Gruppen. 50% der Patienten werden in Altenheimen weiterbetreut, dort ärztlich von niedergelassenen Praktikern.

4.5 Bewertung des Diagnosegruppenvergleichs

Der Patiententyp, auf den die gesetzlichen Regelungen des PsychKG am ehesten zugeschnitten sind, ist der Patient mit der Diagnose Psychose. Diese chronisch kranken Patienten mit einer längeren Behandlungsanamnese sind den betreuenden Einrichtungen wie Gesundheitsamt oder Ambulanz der RLK oft schon bekannt. Teilweise besteht außer mit dem Patienten auch Kontakt mit den Angehörigen, so daß bei einer Verschlechterung leichter Hilfsangebote gemacht werden können.

Im Falle einer nicht anders abwendbaren Eigen- oder Fremdgefährdung kommt es zwar auch hier wegen der Akuität in fast allen Fällen zur sofortigen Unterbringung nach § 17, aber diese wird dann in aller Regel in eine einstweilige Unterbringung nach § 18 umgewandelt und findet insofern ihre Bestätigung.

Eine „sonstige Unterbringung" nach § 19 wird so gut wie nie eingerichtet.

Tatbestände sind überwiegend paranoide Verkennungs- und Unruhezustände, die mit der Androhung von Gewalt, teilweise auch mit der Ankündigung von Suizid einhergehen. Diese den Patienten meist quälenden Zustände können im Rahmen des PsychKG durch die stationäre Behandlung einschließlich Neuroleptikagabe „entaktualisiert" werden.

Nach der Aufhebung des Unterbringungsbeschlusses sind die Patienten in aller Regel zu einer ausreichend langen stationären Weiterbehandlung bereit. Eine ambulante Weiterbetreuung ist darüber hinaus meist gewährleistet, überwiegend bei niedergelassenen Nervenärzten oder durch die Ambulanz der RLK. Im Sinne der nachgehenden Hilfe ist hier auch das Gesundheitsamt stärker einbezogen.

Von dieser gleichsam klassischen psychiatrischen Patientengruppe unterscheiden sich bezüglich der PsychKG-relevanten Merkmale nun ganz besonders die beiden zahlenmäßig großen Gruppen der Neurotiker und der Alkoholabhängigen. Sie stellen zusammen die Hälfte der Zwangsuntergebrachten.

In den besonders fragwürdigen Merkmalsausprägungen weisen diese beiden Gruppen viele Ähnlichkeiten auf.

Diese Patienten leben meist in instabilen sozialen Verhältnissen. In ihrer Umgebung sind sie nicht als psychiatrisch krank bekannt.

Die behauptete Gefährdungssituation entsteht meist innerhalb von Stunden (überwiegend außerhalb der Dienstzeiten von Gesundheitsamt und Ordnungsamt), oft im Zusammenhang mit übermäßigem Alkoholgenuß.

Als Tatbestand, der die Unterbringung begründen soll, wird in überwältigender Häufigkeit eine Suizidproblematik im ärztlichen Zeugnis angegeben, meist als Ankündigung oder Androhung von Suizid. Sehr häufig sind diese Patienten bei Aufnahme alkoholisiert.

Über die Hälfte dieser Patienten befindet sich schon in ärztlichen Händen (Ambulanzen oder Stationen der Allgemeinkrankenhäuser) und wird dennoch dem aufwendigen Verfahren einer Zwangsunterbringung unterzogen. Um so fragwürdiger ist die Tatsache, daß die Dauer der Zwangsunterbringung und die Dauer der stationären Behandlung bei diesen als so sehr gefährdet eingeschätzten Patienten dann extrem kurz ist - oft nur Stunden oder 1-2 Tage.

Ebenso brisant erscheint die Tatsache, daß mit fast der Hälfte dieser primär doch sehr gefährdet beschriebenen Patienten eine Weiterbehandlung oder Nachbetreuung nicht einmal vereinbart werden kann. Der Gedanke an eine vorsorgende oder nachgehende Hilfe wird hier ad absurdum geführt.

Wenn zwangseingewiesene Patienten in bedeutender Zahl nur 1-2 Tage in stationärer Behandlung bleiben, weil sie nach der unumgänglichen Aufhebung der sofortigen Unterbringung noch am Aufnahmetag oder am Folgetag die Klinik wieder verlassen, dann stellt sich die Frage der mißbräuchlichen Anwendung des Instruments PsychKG.

Über das Kriterium „sehr kurzer stationärer Aufenthalt" scheint sich die Problemgruppe im Sinne der Fragestellung nach mißbräuchlicher Anwendung des PsychKG zu erschließen. Im folgenden wird die Subgruppe der Unterbringungspatienten dargestellt, bei denen der stationäre Aufenthalt maximal 1-3 Tage dauerte.

5 Problemgruppe „sehr kurzer Aufenthalt"

Unterbringungspatienten mit besonders kurzer Aufenthaltsdauer (1–3 Tage)

Hinsichtlich einer mißbräuchlichen Anwendung des PsychKG läßt sich folgende These formulieren:
Je kürzer die Aufenthaltsdauer der Unterbringungspatienten, desto fragwürdiger die Unterbringungsmaßnahme.
In 40 der untersuchten 1078 Unterbringungsfälle (4,3%) erfolgte noch am Tag der Aufnahme auch schon wieder die Entlassung. Bis zum Folgetag waren insgesamt schon 138 Patienten (12,8%) wieder entlassen. 197 Patienten (18,3%) waren spätestens am 2. Tag nach der Klinikaufnahme wieder entlassen und 253 (23,5%) spätestens am 3. Tag.
Im Vergleich hat sich gezeigt, daß sich die Patienten, die nach einem Tag Klinikaufenthalt schon wieder entlassen werden, und die Patienten, die nach spätestens 3 Tagen entlassen werden, in den hier relevanten Merkmalen im wesentlichen übereinstimmen. Aus statistischen Gründen wird daher die größere Gruppe der Patienten – bis zu 3 Tagen stationäre Behandlung – dargestellt. Dort, wo Abweichungen vorkommen, wird gesondert darauf hingewiesen.
Die Unterbringungspatienten mit Kurzaufenthalt sind besonders jung, 35% sind unter 25 Jahre alt, 53% unter 30 Jahre. Nur 5% dieser Patienten sind über 60 Jahre alt. Es überwiegen die männlichen Patienten mit 63%. Die Hälfte der Patienten ist ledig, 3% ohne festen Wohnsitz, 40% leben tatsächlich allein.
15% der Patienten sind arbeitslos gemeldet, zusätzliche 32% im erwerbsfähigen Alter sind ohne berufliche Beschäftigung. (Bei den Patienten mit lediglich einem Tag Aufenthaltsdauer finden sich noch mehr Männer, mehr Ledige und mehr Arbeitslose.)
Die Unterbringungspatienten mit kurzer Aufenthaltsdauer haben durchschnittlich eine relativ kurze psychiatrische Vorgeschichte. 56% hatten 1983 ihren ersten stationären psychiatrischen Aufenthalt. 19% hatten 1–2 Voraufenthalte, der Rest mehr. Für 73% der Patienten handelte es sich um die erste Zwangsunterbringung in ihrem Leben, 19% hatten 1–3 vorangehende Zwangsunterbringungen. Etwa 10% der Patienten war erst 1–2 Wochen vorher aus stationärer Behandlung entlassen worden, 29% waren maximal vor einem halben Jahr entlassen worden.

Tabelle 54. Ärztliche Einweisung der Unterbringungspatienten mit kurzer Aufenthaltsdauer (Fälle in %)

Einweisende Instanz	[%]
Niedergelassene Nervenärzte	2,4
Andere niedergelassene Ärzte	7,9
Gesundheitsamt	2,8
Krankenhausambulanzen	55,7
Krankenhausstationen	8,7
Sonstige	3,2
Ohne ärztliche Einweisung	19,4

Von besonderem Interesse bei den Unterbringungspatienten mit kurzer Aufenthaltsdauer ist die Einweisungsinstanz.

Fast ⅔ aller Unterbringungspatienten mit kurzer Aufenthaltsdauer wurden aus anderen Krankenhäusern zugewiesen, überwiegend aus den Ambulanzen der Allgemeinkrankenhäuser. (Bei den ultrakurzen Aufenthalten von einem Tag ist der Anteil der von Krankenhausambulanzen zugewiesenen mit 60,2% noch höher).

Da diese Patienten sich schon in einer stationären Einrichtung befanden, andererseits nach Überweisung in die Landesklinik dort höchstens 1–3 Tage blieben, stellt sich zumindest retrospektiv die Frage nach der Notwendigkeit dieser Überweisung.

Bei 38% der Patienten mit Kurzaufenthalt wird das ärztliche Zeugnis für den Antrag auf Zwangsunterbringung von Ärzten der RLK erstellt, in 48% von nichtpsychiatrischen Kliniken.

Zusammenfassend wird etwa eine Hälfte der ärztlichen Zeugnisse von Nervenärzten (niedergelassene Ärzte oder Klinikärzte), die andere Hälfte von Nichtnervenärzten (¾ Internisten, ¼ Chirurgen und andere) ausgestellt.

Zwar nicht statistisch signifikant, aber doch in auffallend geringem Maße kommen Unterbringungspatienten mit Kurzaufenthalten im Monat April, dagegen deutlich mehr im Juli. An Wochenenden einschließlich Freitag kommen mehr Patienten als im Gesamtkollektiv. Über 80% kommen außerhalb der Dienstzeiten der antragstellenden Ordnungsbehörde, mit einer Häufung nach Mitternacht.

In der ersten formalen Syndromzuordnung im Antrag wird (bei Möglichkeit der Mehrfachnennung) für 69% eine „psychische Störung, die in ihren Auswirkungen einer Psychose gleichkommt", angegeben, in 34% Suchtkrankheit, in 13% eine Psychose.

Als Gefährdungskategorie ist bei 80–90% Eigengefährdung und Gefahr der Selbstschädigung genannt, nur in 7,1% Gefahr der öffentlichen Sicherheit und Ordnung. Fremdgefährdung allein oder zusätzlich besteht in ⅓ der Fälle.

In 70% der Fälle sind die Patienten nicht freiwillig zur stationären Behandlung bereit, in 30% werden sie in der Aufnahmesituation als willenlos bezeichnet.

In 29% geht die maßgebliche Schilderung der Gefährdungstatbestände im Antrag auf die Polizei zurück, in 20% auf Angehörige und Freunde, in 39% lediglich auf den antragstellenden Arzt selbst.

Ausschlaggebender Gefährdungstatbestand ist in 59,7% der Unterbringungsfälle mit Kurzaufenthalt die Suizidproblematik. In 18,2% der Fälle liegt ein Zustand nach Suizidhandlung vor, in 41,5% aller Fälle eine Ankündigung oder Androhung von Suizid.

Als zusätzliche Tatbestände werden u.a. genannt: Hilflosigkeit durch Alkohol in 10%, Androhung oder Ausübung von Gewalt in etwa 20%, Erregungszustände in 14%. Ganz selten, mit nur 1,6% der Fälle, werden Verfolgungsideen angegeben.

In 53,8% der Unterbringungsfälle mit Kurzaufenthalt liegt zum Zeitpunkt der Antragstellung eindeutig Alkoholeinwirkung vor, in 9,9% Medikamentenintoxikation, in 5,1% Drogeneinwirkung. (Bei den Eintagesaufenthalten beträgt der Anteil der alkoholisiert aufgenommenen Patienten sogar 61,6%.)

Die klinisch-psychiatrische Syndromzuordnung korreliert in ihren Schwerpunkten mit der Häufung der Gefährdungstatbestände.

Tabelle 55. Klinisch-psychiatrische Syndrome zum Zeitpunkt der Aufnahme bei Unterbringungspatienten mit Kurzaufenthalten (Mehrfachnennung, Fälle in %)

Syndrome	[%]
Depressives Syndrom	48,2
Maniformes Syndrom	1,6
Paranoides Syndrom	7,9
Stuporöses Syndrom	1,2
Bewußtseinstrübung	1,6
Demenz	0,8
Hirnorganisches Psychosyndrom	5,5
Delirantes Syndrom	38,3
Gesamt	105,1

Es dominieren das depressive und das delirante Syndrom. Dagegen treten andere Syndrome sehr zurück.

In 97% der Fälle mit Kurzaufenthalt wurden die Zwangsunterbringungen direkt bei der Aufnahme eingeleitet, in 3% ging zunächst eine stationäre Behandlung auf freiwilliger Basis voran.

In 48,6% der Fälle wird die sofortige Unterbringung nach § 17 aufgehoben, und es kommt nicht zur Umwandlung in die einstweilige Unterbringung. (Bei den Eintagsaufenthalten ist dieser Anteil mit 69,6% entsprechend höher.)

In 7% kommt es zur Aufhebung durch ausdrückliche Intervention des Richters bei der Anhörung, in 4% der Fälle mit Kurzaufenthalt werden die Begründungen im ärztlichen Zeugnis nicht als ausreichend für eine Zwangsunterbringung angesehen. Meist geht mit der Aufhebung der sofortigen Unterbringungen die Entlassung aus der stationären Behandlung einher. Im Falle einer anschließenden einstweiligen Unterbringung findet auch hier die spätere Aufhebung meist gleichzeitig mit der Entlassung statt.

In den 51,4% der Fälle, in denen die Umwandlung in die einstweilige Unterbringung erfolgte, kann diese einstweilige Unterbringung bei den Kurzaufenthalten allenfalls 2 Tage gedauert haben.

Nimmt man sofortige und einstweilige Unterbringung zusammen, so beträgt die tatsächliche Dauer der Zwangsunterbringung bei den Patienten mit Kurzaufenthalt in 64,6% der Fälle maximal einen Tag, in 82,3% maximal 2 Tage.

Bei diesen Kurzaufenthalten kommt es naturgemäß nicht zur Einleitung einer Vormundschaft oder Pflegschaft.

Während die Syndromzuordnung bei Aufnahme das unmittelbare psychopathologische Zustandsbild beschreibt, geben die Diagnosen bei Entlassung (Erst- und Zweitdiagnose) die abschließende Einschätzung der behandelnden Ärzte wieder.

Kurzaufenthalte bei Unterbringungspatienten kommen überwiegend bei Alkoholabhängigkeit und bei Patienten mit Neurosen/Persönlichkeitsstörungen vor. Psychotiker und gerontopsychiatrisch Erkrankte haben in der Regel sehr viel längere stationäre Aufenthalte.

Tabelle 56. Diagnosen der Unterbringungspatienten mit kurzer Aufenthaltsdauer (Mehrfachnennungen, Fälle in %)

Diagnosen	[%]
Gerontopsychiatrische Erkrankung	2,8
Andere körperlich begründbare Störungen	3,2
Schizophrene Psychosen	6,7
Affektive Psychosen	1,2
Alkohol- bzw. Medikamentenmißbrauch	50,6
Drogenmißbrauch	7,5
Neurosen/Persönlichkeitsstörungen	48,6
Oligophrenien	0,8
Anfallsleiden	4,0
Gesamt	125,3

21,3% der Patienten verlassen die Klinik vorzeitig gegen ausdrücklichen ärztlichen Rat.

Eine Weiterbehandlung oder Nachbetreuung konnte nur in einem kleineren Teil der Unterbringungsfälle mit Kurzaufenthalt mit den Patienten vereinbart werden. In 57,9% der Fälle konnte keine Weiterbetreuung vereinbart werden. (Bei den Eintagesaufenthalten sind es sogar 63%.)

Im Falle einer Weiterbetreuung werden am ehesten niedergelassene Ärzte genannt. Ambulanz der RLK und Gesundheitsamt kommen kaum vor.

6 Prädiktoren für sehr kurzen Aufenthalt

Im Zusammenhang mit der Hauptfragestellung nach der mißbräuchlichen Anwendung des PsychKG interessieren v. a. die aktuellen Umstände der Zwangsunterbringung in den Fällen mit suspekt kurzer Unterbringungs- bzw. Verweildauer. Signifikant ausgeprägt sind 3 Merkmale:

1) „Zuweisung von Krankenhausambulanzen",
2) „Tatbestand Suizid" (Ankündigung oder Versuch),
3) „Alkoholeinwirkung bei Aufnahme".

Bezüglich des Verlaufs der Unterbringung bzw. der stationären Behandlung ist am auffälligsten das Merkmal

4) „Keine ambulante Weiterbehandlung/Nachbetreuung".

Diese 4 Variablen bezüglich kurzer Unterbringungs- bzw. Aufenthaltsdauer sollen durch Darstellung der entsprechenden Subgruppen noch weiter aufgeschlüsselt werden.

6.1 Einweisung aus Allgemeinkrankenhaus

In 307 Fällen mit Zwangsunterbringung wurden die Patienten aus Ambulanzen von Allgemeinkrankenhäusern zugewiesen. Das entspricht 28,5% aller untersuchter Fälle.
Eine Aufschlüsselung bezüglich der abhängigen Variable „Aufenthaltsdauer" für diese Subgruppe zeigt Tabelle 57.
Die Patienten, die aus Ambulanzen anderer Krankenhäuser zugewiesen wurden, hatten eine extrem kurze Verweildauer. Ein Viertel dieser Patientengruppe ist spätestens am Tag nach der stationären Aufnahme schon wieder entlassen.
Zwei Tage nach Aufnahme sind schon 34,2% entlassen, und nach 3 Tagen sind es schon 43%.
Höchstens eine Woche bleiben 53,7% und höchstens 2 Wochen 67,8%.
Die von Ambulanzen geschickten Patienten sind durchschnittlich jünger als das

Tabelle 57. Dauer des stationären Aufenthalts in der RLK bei Patienten, die zur Zwangsunterbringung von Ambulanzen der Allgemeinkrankenhäuser zugewiesen wurden (Einzelprozente und kumulierte Prozente)

Verweildauer (Tage)	Prozentanteil	Kumuliert
0	11,1	11,1
1	13,7	24,8
2	9,4	34,2
3	8,8	43,0
4–7	10,7	53,7
8–14	14,1	67,8
15–28	11,4	79,2
Mehr als 28	20,8	100,0

Gesamtkollektiv, mit leichtem Übergewicht der männlichen Patienten. Altersentsprechend ist der Ledigenanteil noch höher, ebenso der Anteil der tatsächlich Alleinlebenden (52%). Es finden sich mehr Arbeitslose (17,5%) und anderweitig erwerbslose Patienten (36%). In 4,2% der Fälle standen die Patienten unter Bewährung.

Die psychiatrische Vorgeschichte ist ähnlich wie im Gesamtkollektiv. 42% hatten keinen stationären psychiatrischen Voraufenthalt, bei 30% lag der erste stationäre Aufenthalt 5 und mehr (bis über 20) Jahre zurück.

Die Mehrzahl der Patienten hatte zuvor keine Zwangsunterbringung gehabt (61,7%).

Andererseits lag die Entlassung aus dem etwaigen Voraufenthalt bei 5,9% der Fälle maximal eine Woche zurück, bei 10,4% maximal 2 Wochen und bei 13,4% maximal 4 Wochen.

91% der von Ambulanzen zugewiesenen Patienten wurden auch direkt mit der Aufnahme zwangsuntergebracht, der Rest meist nach einem mehr oder weniger kurzen Versuch der freiwilligen stationären Behandlung.

In 31,3% der Fälle mußte das ärztliche Zeugnis für den Antrag auf Zwangsunterbringung erst von Ärzten der RLK erstellt werden. Die Zeugnisse von außerhalb stammten überwiegend von Krankenhausinternisten, zu einem kleineren Teil von Chirurgen.

Die Patienten aus Krankenhausambulanzen kamen vergleichsweise häufiger an Wochenenden und besonders bevorzugt nachts. Über 80% kamen außerhalb der Dienstzeiten der antragstellenden Ordnungsbehörde zur Zwangsunterbringung. Deutlich ausgeprägt ist der Aspekt Eigengefährdung bzw. Gefahr der Selbstschädigung mit 90–95% der Fälle. In 27% waren Polizei und/oder Feuerwehr beteiligt.

In 54,7% der von anderen Krankenhausambulanzen zugewiesenen Unterbringungsfälle war das Thema Suizid ausschlaggebend. In 35,5% handelte es sich um Ankündigung von Suizid, in 19,2% um einen Suizidversuch im weitesten Sinne.

Von den übrigen Tatbestandsmerkmalen kamen Desorientiertheit, Agitiertheit und Verfolgungsideen seltener vor.

Ebenfalls wurde in dieser Gruppe weniger Gewalt gegen Personen oder Sachen angegeben.

In 45,5% der Fälle aus anderen Krankenhausambulanzen lag bei Aufnahme in der RLK eindeutig Alkoholeinwirkung vor.

Als klinisch-psychiatrisches Syndrom überwogen bei Aufnahme das depressive Syndrom (46,3%) und das delirante Syndrom (32,6%). Deutlich seltener kamen das paranoide Syndrom und das hirnorganische Psychosyndrom bzw. Demenz vor.

In 29,6% der Fälle, die aus Ambulanzen von Allgemeinkrankenhäusern zugewiesen wurden, konnte die sofortige Unterbringung nach § 17 spätestens am Tag nach der Aufnahme wegen Wegfall der Gefährdung schon wieder aufgehoben werden. Eine einstweilige Unterbringung nach § 18 kam nicht mehr in Frage. In mehr als der Hälfte dieser Fälle erfolgte gleichzeitig auch schon wieder die Entlassung. In einem geringen Prozentsatz (3,6%) wurden die Begründungen im ärztlichen Zeugnis nicht anerkannt.

Die bei 70,4% eingeleitete einstweilige Unterbringung wurde im wesentlichen

Tabelle 58. Tatsächliche Dauer der Zwangsunterbringung bei Patienten, die von Ambulanzen der Allgemeinkrankenhäuser eingewiesen wurden (Einzelprozent und kumuliert)

Dauer der Zwangsunterbringung in Tagen	Einzelprozent	Kumuliert
0	14,3	14,3
1	22,5	36,9
2	12,3	49,1
3	12,6	61,8
4–7	14,7	76,5
8–14	7,5	84,0
Mehr als 14	16,0	100,0

wegen zum jeweiligen Zeitpunkt angezeigter Entlassung oder wegen rechtserheblicher Zustimmung des Patienten zur stationären Weiterbehandlung – ob offen oder geschlossen – möglich.

Bei 35,8% der nach § 18 untergebrachten Patienten dauerte die einstweilige Unterbringung maximal 3 Tage, bei 52,8% maximal 5 Tage.

Nimmt man sofortige und einstweilige Unterbringungen zusammen, dann ergibt sich bezüglich der Dauer der Zwangsunterbringungen die aus Tabelle 58 ersichtliche Darstellung.

Unabhängig von der Art der Zwangsunterbringung zeigt Tabelle 58, daß in 14,3% der Fälle die Unterbringung schon am selben Tag (oft nach wenigen Stunden) wieder aufgehoben werden konnte. Spätestens am Folgetag war die Unterbringung schon bei 36,9% aufgehoben, nach 3 Tagen bei 61,8%.

In lediglich 4,6% der Fälle wurde aus dem stationären Aufenthalt heraus eine Aufenthaltspflegschaft eingeleitet, meist verbunden mit einer Behandlungspflegschaft. In 1,3% wurde eine Vormundschaft beantragt.

In der diagnostischen Zuordnung am Ende des stationären Aufenthalts überwogen (bei der Möglichkeit von Mehrfachnennungen) mit 45,6% Alkoholmißbrauch und mit 39,1% Neurosen und Persönlichkeitsstörungen. Psychosen mit 20,5% und gerontopsychiatrische Erkrankungen mit 4,9% sind bei den von Krankenhausambulanzen zugewiesenen Patienten unterrepräsentiert.

In 16,3% der Fälle erfolgte die Entlassung gegen ausdrücklichen ärztlichen Rat.

In 45,4% der Fälle konnte mit den Patienten keine ambulante Weiterbehandlung oder Nachbetreuung vereinbart werden. In den restlichen Fällen wurden zu gleichen Teilen (ca. 18%) jeweils niedergelassene Nervenärzte und niedergelassene Nichtnervenärzte genannt. Eine Weiterbetreuung durch das Gesundheitsamt wurde nur in 1,6% der Fälle vereinbart.

6.2 Tatbestandsmerkmal Suizidalität

Erfaßt sind in dieser Gruppe alle Patienten, die einen Suizid ankündigten, mit einer Suizidhandlung drohten oder einen Suizidversuch unternahmen. Über die „Ernsthaftigkeit" dieser Aktivitäten kann bei einer Aktenanalyse nicht endgültig befunden werden. Ob die Ankündigung oder Androhung eher appellativen Charakter hatte, wurde nicht untersucht. In die Kategorie Suizidversuch sind sehr unterschiedliche Situationen eingegangen: Es kann sich um die Einnahme von einigen Schlaftabletten handeln, um das sog. Aufschneiden der Pulsadern oder um eine gerade noch rechtzeitig unterbrochene Strangulation.

Alleiniger Maßstab für die Einleitung einer Zwangsunterbringung war die Feststellung einer fortbestehenden Suizidalität durch den antragstellenden Arzt. Insgesamt war in 412 Fällen die Suizidthematik ausschlaggebend für die Zwangsunterbringung, dies entspricht 38,2% aller untersuchten Fälle.

Die Variable „Aufenthaltsdauer", die in Fällen von extremer Kürze als Indiz für eine mißbräuchliche Anwendung des PsychKG gelten soll, wird in Tabelle 59 dargestellt.

Die Patienten, die wegen Suizidalität in die RLK überwiesen und zwangsuntergebracht wurden, haben eine überraschend kurze Verweildauer. Ein Fünftel ist schon spätestens am Tag nach der stationären Aufnahme wieder entlassen. Drei Tage nach Aufnahme sind 36,4% der Patienten entlassen, nach einer Woche fast die Hälfte aller Patienten mit Suizidalität. Andererseits bleiben immerhin 28,2% länger als einen Monat in stationärer psychiatrischer Behandlung.

Im Vergleich mit dem Gesamtkollektiv sind die Patienten, die wegen Suizidalität untergebracht werden, deutlich jünger. 11% sind bis 20 Jahre alt, 31% nicht älter als 25 Jahre, fast die Hälfte aller Suizidpatienten sind nicht älter als 30 Jahre. Nur 2,7% der Patienten sind älter als 70 Jahre.

Das Geschlechtsverhältnis ist ausgeglichen. Die in Köln lebenden Ausländer sind unterrepräsentiert – mit einer leichten Akzentuierung bei den Türken. Die Hälfte der Patienten ist ledig, die Verwitweten sind vergleichsweise geringer vertreten.

Insgesamt über ¾ der Patienten sind nach dem offiziellen Familienstand alleinstehend, aber nur 46% leben tatsächlich allein; 6,1% sind ohne festen Wohnitz.

17,5% der Patienten sind arbeitslos, 30,1% sind anderweitig ohne berufliche Beschäftigung, obwohl sie im erwerbsfähigen Alter und nicht vorzeitig berentet sind.

Die psychiatrische Vorgeschichte ist im Durchschnitt etwas kürzer als im Gesamtkollektiv. Es gibt andererseits eine große Gruppe, deren erster stationärer Aufenthalt 1–2 Jahre zurückliegt, andererseits eine kleinere Gruppe, deren erster stationärer Aufenthalt 10 und mehr Jahre zurückliegt.

Tabelle 59. Dauer des stationären Aufenthalts der Patienten, die mit der Begründung Suizidalität zwangsuntergebracht wurden (Einzelprozente und kumuliert)

Aufenthaltsdauer (Tage)	Prozentanteil	Kumuliert
0	7,5	7,5
1	12,1	19,7
2	8,7	28,4
3	8,0	36,4
4–7	10,4	46,8
8–14	11,5	58,3
15–28	13,5	71,8
Mehr als 1 Monat	28,2	100,0

Ähnlich 2gipflig verhält es sich mit der Anzahl der bisherigen stationären Behandlungen: 40% hatten keinen stationären Voraufenthalt. Eine große Gruppe hatte 1–2 Voraufenthalte, eine kleinere 6 und mehr Voraufenthalte.

Über 60% der Patienten mit Suizidalität als Unterbringungsgrund hatten bisher keine Zwangsunterbringung, 24% hatten 1–2 voraufgehende Zwangsunterbringungen.

11,4% der Patienten mit Suizidalität waren höchstens 2 Wochen vorher erst aus stationärer Behandlung entlassen worden, 15% höchstens 4 Wochen vorher. 30,3% der wegen Suizidalität untergebrachten Patienten waren erst vor einem halben Jahr oder weniger aus stationärer Behandlung entlassen worden.

Bei der extrem hohen Zahl von Patienten, die wegen Suizidalität zwangsuntergebracht wurden, ist die Frage aufschlußreich, welches die Zuweisungsinstanzen sind, die diese Suizidalität festgestellt haben und die Einweisung in die RLK veranlaßt haben (Tabelle 60).

Bei den Zuweisungsinstanzen der Suizidpatienten überwiegen die Allgemeinkrankenhäuser, die 56,3% aller Patienten in die RLK überwiesen haben. Der Großteil (43,2%) kommt aus den Ambulanzen der Krankenhäuser, während ein kleiner Teil (13,1%) von Stationen verlegt wird.

Lediglich 2,7% der Patienten kam auf Veranlassung des Gesundheitsamts. Ein Viertel kam ohne ärztliche Einweisung, meist direkt von der Polizei gebracht oder auf Drängen von Angehörigen, besonders bei Patienten, die als Psychotiker in der RLK schon bekannt sind.

In 50% der Fälle von Zwangsunterbringungen wegen Suizidalität mußte das ärztliche Zeugnis für den Antrag gemäß PsychKG von Ärzten der RLK erstellt werden, wobei zu berücksichtigen ist, daß 25% der Patienten ohnehin ohne ärztliche Einweisung kommt, d. h. vor dem Transport in die RLK nicht von einem Arzt untersucht wurde.

Die ärztlichen Zeugnisse von außerhalb stammen im wesentlichen von Krankenhausinternisten, zum kleineren Teil von dortigen Chirurgen.

Eine jahreszeitliche oder anderweitige kalendarische Häufung von Unterbringungen wegen Suizid wurde nicht festgestellt. An Wochenenden kam es zu weniger Unterbringungen als an Werktagen. Das Verhältnis zwischen Unterbringungen tagsüber und nachts ist ausgeglichen, allerdings mit einem deutlichen Gipfel nach Mitternacht.

Tabelle 60. Ärztliche Einweisung bei den Patienten, die wegen Suizidalität zwangsuntergebracht wurden (Fälle in %)

Einweisungsinstanz	[%]
Niedergelassene Nervenärzte	4,9
Andere niedergelassene Ärzte	8,0
Gesundheitsamt	2,7
Krankenhausambulanz	43,2
Krankenhausstationen	13,1
Sonstige (im wesentlichen Notarzt)	2,6
Ohne ärztliche Einweisung	25,5

Berücksichtigt man Wochenenden, Feiertage und Dienstzeiten der beteiligten Institutionen, so ist festzustellen, daß für über 70% der Patienten mit Suizidalität der Antrag auf Zwangsunterbringung zu einer Zeit anfällt, in der die antragstellende Behörde nicht besetzt ist.

Die entscheidende und erstmalige Schilderung der Tatbestände vor dem Antrag kam in 24% der Fälle von Polizei und Feuerwehr, in 23% von Angehörigen oder Freunden, in 14% im wesentlichen vom Patienten selbst und in 34% allein vom antragstellenden Arzt.

Das für die Zwangsunterbringung in 412 Fällen ausschlaggebende Tatbestandmerkmal Suizid läßt sich aufschlüsseln in:

- Ankündigung oder Androhung von Suizid   (51,2%),
- Ankündigung von Suizid nach früherem SV   (22,1%),
- Zustand nach Suizidversuch   (27,7%).

Da die Angabe von Suizidalität im Antrag für eine Zwangsunterbringung nach allgemeinem Verständnis als ausreichend angesehen wird, sind im ärztlichen Zeugnis trotz der Möglichkeit einer detaillierteren Schilderung nur in der Hälfte der Fälle zusätzliche Tatbestände mitgeteilt. Dabei handelt es sich im wesentlichen um Erregungszustände, Agitiertheit, Unruhe und Äußern von Verfolgungsideen.

In 40,4% der Fälle mit Suizid bestand bei der Aufnahmeuntersuchung eindeutige Alkoholeinwirkung. In 6,3% bestand – meist im Zusammenhang mit einem Suizidversuch – bei Aufnahme eine Medikamentenintoxikation.

In der Syndromzuordnung gemäß Antragsformular nach PsychKG wurde (bei der Möglichkeit von Mehrfachnennungen) für 21% eine Psychose, für 71% eine „psychische Störung, die in ihren Auswirkungen einer Psychose gleichkommt", in 16,8% Sucht und in 1,2% Schwachsinn festgehalten.

Angesichts des Tatbestandsmerkmals Suizidalität standen bei der Benennung der Gefährdung im Antrag Eigengefährdung und Gefahr der Selbstschädigung im Vordergrund.

62,9% der Patienten lehnten eine Unterbringung auf freiwilliger Basis ab, 20,9% wurden als willenlos beschrieben.

85,4% der Patienten wurden direkt mit der stationären Aufnahme wegen Suizidalität auch zwangsuntergebracht. Bei 14,6% ging zunächst noch der Versuch einer stationären Behandlung auf der Grundlage einer Freiwilligkeitserklärung voraus, bevor dann doch eine Zwangsunterbringung nicht zu vermeiden war.

Als klinisch-psychiatrisches Syndrom wurde in der Aufnahmeuntersuchung (bei Möglichkeit der Mehrfachnennung) für 74% der Patienten ein depressives Syndrom angegeben, für 16,3% ein paranoides Syndrom und für 19,7% ein delirantes Syndrom.

In 23,5% aller Fälle, in denen es wegen fortbestehender Suizidalität zur Zwangsunterbringung kam, wurde die sofortige Unterbringung nach § 17 spätestens am Folgetag wegen nicht mehr vorhandener Gefährdung schon wieder aufgehoben, meist wegen gleichzeitiger Entlassung. Es kam nicht mehr zur Unterbringung nach § 18. In 5,3% stimmten die Patienten einer stationären Weiterbehandlung zu.

Die in 76,5% der Fälle begonnene einstweilige Unterbringung wurde dann in 27,7% wegen Entlassung, in 37,9% wegen Zustimmung zur stationären Weiterbehandlung (davon in 10% auf geschlossener Station) aufgehoben.

Die der sofortigen Unterbringung nach spätestens einem Tag folgende einstweilige Unterbringung dauerte dann in 20% der Fälle nur höchstens 2 Tage, in 30% höchstens 3 Tage.

Bei der Feststellung der tatsächlichen Unterbringungsdauer – sofortige und einstweilige Unterbringung eingeschlossen – ergibt sich das in Tabelle 61 dargestellte Bild.

Trotz der im ärztlichen Zeugnis für die Zwangsunterbringung angegebenen Suizidalität konnte in fast 10% der Fälle die Unterbringung wegen Wegfall der Gefährdung noch am selben Tag wieder aufgehoben werden. Schon einen Tag nach Einleitung der Zwangsunterbringung wurde bei weiteren 21,2% der Fälle diese Maßnahme als nicht mehr erforderlich beurteilt.

Spätestens 3 Tage nach dem Suizidereignis mit der Folge der Zwangsunterbringung lag schon in über der Hälfte der Fälle keine Gefährdung mehr vor, der nur mit einer geschlossenen Unterbringung zu begegnen gewesen wäre. Lediglich in ⅕ der Fälle dauerte die Zwangsunterbringung länger als 2 Wochen.

In nur 3,9% der Fälle wurde eine Aufenthaltspflegschaft eingeleitet, meist zusammen mit einer Behandlungspflegschaft. Eine Vormundschaft wurde in 1% eingeleitet.

Über die erste Syndromzuordnung, die bei der Aufnahmeuntersuchung erfolgt, hinaus ist die Abschlußdiagnose bei Entlassung von großem Interesse. Bei der Möglichkeit der Mehrfachnennung (Erst- und Zweitdiagnose) ergibt sich zusammengefaßt die in Tabelle 62 gezeigte Darstellung.

Diagnostisch handelt es sich bei den Patienten, die wegen Suizidalität zwangsuntergebracht wurden, um 2 große Gruppen: Alkoholabhängigkeit besteht in 35,4% der Fälle, Neurosen bzw. Persönlichkeitsstörungen in 57,3%, wobei in einem geringen Prozentsatz beide Diagnosen gleichzeitig genannt werden.

Die Psychosen (schizophren und affektiv) sind mit 19,6% in dieser Gruppe unterrepräsentiert. Auffallend klein ist mit 3,4%-Anteil die Gruppe der gerontopsychiatrischen Patienten vertreten.

In 12,9% erfolgte die Entlassung vorzeitig und gegen den ausdrücklichen ärztlichen Rat.

In 43,5% der Fälle von primär suizidgefährdeten Patienten konnte keine Weiterbehandlung oder Nachbetreuung vereinbart werden.

21,3% wurden von niedergelassenen Nervenärzten weiterbehandelt, 16,7% von

Tabelle 61. Tatsächliche Dauer der Zwangsunterbringung bei Patienten mit Suizidalität (Einzelprozente und kumuliert)

Dauer der Zwangsunterbringung (Tage)	Einzelprozente	Kumuliert
0	9,6	9,6
1	21,2	30,7
2	11,6	42,4
3	11,4	53,7
4–7	17,4	71,1
8–14	9,8	80,9
Mehr als 2 Wochen	19,1	100,0

Tabelle 62. Abschlußdiagnosen (Erst- und Zweitdiagnosen) der Patienten, die wegen Suizidalität zwangsuntergebracht wurden (Fälle in %)

Diagnose	[%]
Gerontopsychiatrische Erkrankung	3,4
Andere körperlich begründbare Störung	1,0
Schizophrene Psychose	16,0
Affektive Psychosen	3,6
Alkohol- und Medikamentenmißbrauch	35,4
Drogenmißbrauch	3,6
Neurosen, Persönlichkeitsstörungen	57,3
Oligophrenien	1,5
Anfallsleiden	3,4
Nichtpsychiatrische Diagnosen	5,1
Gesamt	130,3

sonstigen niedergelassenen Ärzten. Die Ambulanz der RLK betreute 7,8% der Patienten weiter. An das Gesundheitsamt wollten sich 0,7% der Patienten zwecks Weiterbehandlung wenden.

6.3 Alkohol- oder Medikamenteneinwirkung bei Aufnahme

In 328 von 1078 untersuchten Fällen lag eindeutig Alkoholeinwirkung bei Aufnahme vor, in weiteren 61 Fällen Medikamenten- oder Drogenwirkung. Da innerhalb der Gruppe der Patienten, die unter Alkohol-, Medikamenten- oder Drogeneinwirkung zur Zwangsunterbringung kamen, die unter Alkoholeinfluß stehenden völlig dominieren, wird im folgenden kurzgefaßt nur von den Alkoholisierten gesprochen.

Im Sinne der Hauptfragestellung dieser Untersuchung handelt es sich um eine sehr wichtige Patientengruppe. Besonders bei alkoholisierten Patienten stellt sich die Frage der mißbräuchlichen Anwendung des PsychKG von vornherein am ehesten. Umstände und Ablauf der Zwangsunterbringung verdienen besondere Beachtung.

Als Kriterium für möglichen Mißbrauch gilt die Kürze des stationären Aufenthalts ab Beginn der Zwangsunterbringung, zumal wenn man bedenkt, mit welchem formalen, organisatorischen und persönlichen Aufwand ein Verfahren nach PsychKG verbunden ist.

Die Aufenthaltsdauer bei den Patienten, die alkoholisiert zwangsuntergebracht werden mußten, ist extrem kurz. Noch am Tag der Unterbringung wird diese in fast 10% der Fälle schon wieder aufgehoben, offensichtlich wegen Wegfall der Gefährdung innerhalb von Stunden. Einen Tag nach Aufnahme ist schon ¼ der Patienten wieder entlassen. Nach spätestens 3 Tagen sind schon 42,4% der Patienten wieder entlassen.

Ein weiterer Entlassungsschub entsteht gegen Ende der 2. Woche mit etwa 10% Entlassungen am 13. Tag nach Aufnahme. Dieses Phänomen hängt damit zusammen, daß für Alkoholabhängige von den Kassen eine stationäre Therapie auf 2 Wochen begrenzt wird.

Tabelle 63. Aufenthaltsdauer bei zwangsuntergebrachten Patienten, die bei Aufnahme unter Alkohol- oder Medikamenteneinwirkung standen (Einzelprozente und kumuliert)

Aufenthaltsdauer (Tage)	Einzelprozente	Kumuliert
0	9,8	9,8
1	15,7	25,4
2	7,2	32,6
3	9,8	42,4
4–7	10,3	52,7
8–14	20,1	73,8
15–28	12,1	85,9
Mehr als 28	14,1	100,0

Nur 14% der Patienten, die unter Alkoholeinfluß kamen, blieben länger als 4 Wochen. Es handelt sich meist um chronische Psychotiker, bei denen der Alkohol nur eine Begleiterscheinung bei Aufnahme war, die aber aufgrund ihrer Grunderkrankung zu längerem stationären Aufenthalt neigen.

Die bei Aufnahme alkoholisierten Patienten sind jünger als das Gesamtkollektiv und zu ⅔ männlich. Altersentsprechend ist der Anteil der Ledigen höher, knapp die Hälfte lebt allein.

17,5% der alkoholisierten Unterbringungspatienten sind arbeitslos. Weitere 37,5% sind – obwohl im erwerbsfähigen Alter – ohne berufliche Beschäftigung.

Die psychiatrische Vorgeschichte ist in dieser Patientengruppe ähnlich wie im Gesamtkollektiv, einschließlich der Anzahl der bisherigen stationären Behandlungen und voraufgegangenen Zwangsunterbringungen. Für 57,6% der Patienten, die alkoholisiert zur Aufnahme mit Zwangsunterbringung kamen, handelte es sich um die erste Zwangsunterbringung. Bei den restlichen Patienten hatten die meisten 1–2 voraufgegangene Zwangsunterbringungen.

12,7% der Patienten, die alkoholisiert zur Aufnahme kamen, waren höchstens 2 Wochen vorher aus stationärer Behandlung entlassen worden; immerhin 24,5% der Patienten war höchstens vor 2 Monaten entlassen worden, 39,4% vor maximal einem halben Jahr.

Um die Zwangsunterbringungen im Hinblick auf ihre Stichhaltigkeit hinterfragen zu können, sind die Umstände der eigentlichen Zwangseinweisung und die Einweisungsinstanzen von besonderem Interesse, weil mit der Einweisung in die Landesklinik zwecks Unterbringung ein Ablauf beginnt, der zunächst kaum rückgängig zu machen ist (Tabelle 64).

Über die Hälfte der alkoholisierten Patienten, die zwangsuntergebracht werden sollen, werden von Allgemeinkrankenhäusern geschickt, im wesentlichen aus deren Ambulanzen. Hier stellt sich die Frage der Indikation.

Bei den Patienten, die ohne ärztliche Einweisung kamen, handelt es sich z.T. um von der Polizei direkt gebrachte Patienten, die z.B. wegen einer Suizidhandlung aufgefallen sind. Zum anderen Teil handelt es sich um chronische Psychotiker, die aufgrund der Vertrautheit mit der Landesklinik von selbst kommen oder von Angehörigen geschickt werden, ohne vorher noch einer anderen ärztlichen Institution vorgestellt worden zu sein.

Tabelle 64. Ärztliche Einweisung der Patienten, die bei Aufnahme zwecks Unterbringung unter Alkohol- oder Medikamenteneinwirkung standen (Fälle in %)

Einweisende	[%]
Niedergelassene Nervenärzte	1,5
Andere niedergelassene Ärzte	9,8
Gesundheitsamt	4,1
Krankenhausambulanz	46,3
Krankenhausstationen	10,0
Sonstige (z. B. Notarzt)	2,6
Ohne ärztliche Einweisung	25,7

Bei 44,8% der Alkoholisierten muß das ärztliche Zeugnis für den Antrag auf Zwangsunterbringung von den Ärzten der RLK erstellt werden. Über 40% der Zeugnisse stammen aus den Allgemeinkrankenhäusern, im wesentlichen von Internisten.

Häufiger als im Gesamtkollektiv kommen die Alkoholisierten an Wochenenden und besonders freitags zur Aufnahme. Eine auffallende Häufung der Einweisungen zeigt sich nach Mitternacht. Über 80% kommen außerhalb der Dienstzeiten der Ordnungsbehörde, so daß der Antrag gemäß PsychKG nicht unmittelbar ans Amtsgericht gerichtet werden kann.

Die Zuordnung der Störungen im ärztlichen Antrag verteilt sich wie folgt (Mehrfachnennungen möglich): 11,6% Psychose, 55,8% „psychische Störung, die in ihren Auswirkungen einer Psychose gleichkommt", 53,7% Suchtkrankheit, 0,5% Schwachsinn. Für 80–90% der alkoholisiert aufgenommenen Unterbringungspatienten werden Eigengefährdung und Gefahr der Selbstschädigung angegeben. Ein Drittel der Patienten ist bei Aufnahme willenlos, ⅔ sind nicht freiwillig zur Aufnahme bereit.

Bei fast 40% der Fälle erschöpft sich die Darlegung der Tatbestände für die Zwangsunterbringung in der Schilderung des antragstellenden Arztes. In 26% kommen die entscheidenden Angaben von Polizei und Feuerwehr, in 8% vom Patienten selbst.

Bei den die Zwangsunterbringung begründenden Tatbständen war in 50,7% Suizidalität ausschlaggebend: in 25,2% Ankündigung oder Androhung von Suizid, 11,6% Ankündigung von Suizid nach früherem Suizidversuch, 13,9% Zustand nach Suizidhandlung. Damit liegt die Begründung Suizidalität bei den Alkoholisierten noch häufiger vor als im Gesamtkollektiv.

Die 2. Gruppe von typischen Tatbeständen, die meist zusätzlich zur Suizidalität angegeben werden, hängt mit dem aktuellen alkoholisierten Zustand des Patienten zusammen: 19,5% Hilflosigkeit durch Alkohol, 12,9% prädelirante Symptomatik, 10% Randalieren, 13,9% Erregungszustand. Das Äußern von Verfolgungsideen wurde nur in 4,6% der Fälle genannt.

Bei 91,5% alkoholisiert zur Aufnahme gekommener Unterbringungspatienten wurde das PsychKG-Verfahren direkt eingeleitet, bei 8,5% wurde zunächst noch ein Behandlungsversuch auf freiwilliger Basis unternommen, bevor dann doch eine Zwangsunterbringung erforderlich wurde.

Die Verteilung der klinisch-psychiatrischen Syndromzuordnungen bei Einleiten der Zwangsunterbringung zeigt Tabelle 65.

Analog den beiden Hauptgruppen bei den Tatbeständen dominieren bei den klinischen Syndromen das depressive Syndrom und das delirante Syndrom. Das paranoide Syndrom ist vergleichsweise selten.

Die sofortige Unterbringung nach § 17 wird bei 35,5% der alkoholisiert Untergebrachten am selben oder spätestens am Folgetag schon wieder aufgehoben, in der Hälfte dieser Fälle bei gleichzeitiger Entlassung, bei einem kleineren Teil wegen rechtserheblicher Zustimmung zur stationären Weiterbehandlung.

Bei 64,5% wird die sofortige Unterbringung zunächst in eine einstweilige nach § 18 umgewandelt, die dann bei 40,6% nach längstens 3 Tagen schon wieder aufgehoben ist. Bei den Aufhebungsgründen für die einstweilige Unterbringung finden sich zu etwa gleichen Teilen Entlassung und Zustimmung zur stationären Weiterbehandlung – offen oder geschlossen. Eine einzige einstweilige Unterbringung wird in die sog. sonstige Unterbringung nach § 19 umgewandelt.

Ähnlich wie die Kürze der Aufenthaltsdauer ist auch die Dauer der Zwangsunterbringung in Fällen von extremer Kürze ein Anhalt für die Fragwürdigkeit des ganzen Vorgehens.

Nimmt man sofortige und einstweilige Unterbringung zusammen, ergibt sich die in Tabelle 66 dargestellte Verteilung der Verweildauer.

Tabelle 65. Klinische Syndrome bei Unterbringungspatienten, die unter Einwirkung von Alkohol oder Medikamenten zur Aufnahme kamen (Mehrfachnennung, Fälle in %)

Klinisches Syndrom	[%]
Depressives Syndrom	41,9
Maniformes Syndrom	2,1
Paranoides Syndrom	8,0
Stuporöses Syndrom	0,3
Bewußtseinstrübung	2,6
Hirnorganisches Psychosyndrom	4,6
Delirantes Syndrom	57,6
Gesamt	116,1

Tabelle 66. Tatsächliche Dauer der Zwangsunterbringung bei den Patienten, die unter Alkohol- oder Medikamenteneinwirkung zur Aufnahme kamen (Einzelprozente und kumuliert)

Dauer der Zwangsunterbringung (Tage)	Einzelprozente	Kumuliert
0	12,7	12,7
1	31,2	43,9
2	11,7	55,6
3	13,0	68,6
4–7	14,3	82,9
8–14	6,8	89,7
Mehr als 16	10,3	100,0

Tabelle 67. Abschlußdiagnosen (Erst- und Zweitdiagnosen) der Patienten, die unter Alkohol- oder Medikamenteneinwirkung zur Aufnahme kamen (Fälle in %)

Diagnosen	[%]
Gerontopsychiatrische Erkrankung	0,5
Andere körperlich begründbare Störungen	2,6
Schizophrene Psychosen	6,2
Affektive und andere Psychosen	0,5
Alkohol- und Medikamentenabhängigkeit	76,6
Drogenmißbrauch	8,5
Neurosen, Persönlichkeitsstörungen	33,7
Anfallsleiden	5,4
Nichtpsychiatrische Diagnosen	3,9
Gesamt	137,8

Bei den Patienten, die alkoholisiert zur Aufnahme kamen, findet sich die durchschnittlich kürzeste Unterbringungsdauer. Spätestens einen Tag nach Einleiten der Zwangsunterbringung ist diese bei 43,8% schon wieder aufgehoben, offensichtlich wegen Wegfall der Gefährdung. Nach spätestens 3 Tagen ist die Zwangsunterbringung in 68,6% der Fälle wieder aufgehoben.

Angesichts des sehr aufwendigen Verfahrens nach PsychKG und der extrem kurzen Unterbringungsdauer in der überwiegenden Zahl der Fälle stellt sich erneut die Frage nach der Indikation dieses Vorgehens bei dieser Patientengruppe.

Die Abschlußdiagnosen der unter Alkoholeinwirkung aufgenommenen Unterbringungspatienten verteilen sich bei der Möglichkeit der Mehrfachnennung (Erst- und Zweitdiagnose) wie in Tabelle 67 dargestellt.

Wie sich schon bei der Aufnahme in der klinischen Syndromzuordnung zeigte, herrschen in dieser Patientengruppe die Diagnosen Alkoholabhängigkeit und Neurosen/Persönlichkeitsstörungen völlig vor. Psychosen sind relativ selten vertreten.

Bei 4,1% der Patienten wurde eine Aufenthaltspflegschaft eingeleitet, meist gleichzeitig mit Behandlungspflegschaft.

16,7% der Patienten brachen die stationäre Behandlung vorzeitig gegen ausdrücklichen ärztlichen Rat ab.

In der Gruppe der alkoholisiert aufgenommenen Unterbringungspatienten findet sich der höchste Anteil von Patienten, mit denen keine Weiterbehandlung oder ambulante Nachbetreuung vereinbart werden konnte (51,7%).

Als Weiterbehandlungsadressaten werden am häufigsten niedergelassene Nichtnervenärzte genannt (23,3%). Inwieweit diese auch tatsächlich in Anspruch genommen wurden, muß offen bleiben.

6.4 Keine ambulante Weiterbetreuung

In 298 der 1078 untersuchten Unterbringungsfälle (27,6%) konnte mit den Patienten keine ambulante Weiterbehandlung oder Nachbetreuung vereinbart werden. Bedenkt man, daß es sich insgesamt um Patienten handelt, die zunächst offensichtlich eine so schwere psychische Störung aufwiesen, daß sie zwangsuntergebracht werden mußten, so ist diese Quote – auch im Sinne einer nachgehenden Hilfe – sehr unbefriedigend. Möglicherweise ist das Fehler einer Weiterbetreuungsvereinbarung ein indirektes Indiz für eine nicht ganz überzeugende Unterbringungsbegründung.

Die Gruppe der Patienten ohne ambulante Weiterbetreuung hat die durchschnittlich kürzeste Aufenthaltsdauer. Spätestens einen Tag nach Aufnahme sind 29,2% der Patienten schon wieder entlassen, nach 3 Tagen schon 49%, nach einer Woche 61,7%.

Die Unterbringungspatienten ohne anschließende ambulante Weiterbetreuung sind besonders jung – ⅓ unter 25 Jahre, über die Hälfte unter 30 Jahre. Fast ⅔ sind männlich, altersentsprechend über die Hälfte ledig und fast ebenso viele tatsächlich allein lebend. Immerhin 11,7% dieser Patienten sind ohne festen Wohnsitz.

Neben 17,4% arbeitslos Gemeldeten findet sich zusätzlich ein hoher Anteil von Patienten, die im erwerbsfähigen Alter ohne berufliche Beschäftigung sind.

Die psychiatrische Vorgeschichte ist bei diesen Patienten kürzer, sie haben etwas weniger stationäre Voraufenthalte, während hingegen die Zahl der vorangegangenen PsychKG-Verfahren durchschnittlich der des Gesamtkollektivs entspricht.

Von den Unterbringungspatienten ohne anschließende ambulante Weiterbetreuung waren 12% erst maximal 2 Wochen vorher aus stationärer Behandlung entlassen worden, 17% erst vor maximal 4 Wochen und 33% vor maximal einem halben Jahr.

48,4% der Unterbringungspatienten ohne anschließende ambulante Weiterbetreuung wurden von Ambulanzen der Allgemeinkrankenhäuser in die RLK eingewiesen, 9,4% von Krankenhaus-Stationen, 27,2% kamen ohne ärztliche Einweisung. Bei 42,2% der Patienten war das ärztliche Zeugnis für den Antrag auf Zwangsunterbringung von Ärzten der RLK erstellt worden, in 44,3% der Fälle von nichtpsychiatrischen Kliniken.

Eine signifikante jahreszeitliche Häufung der Unterbringungen dieser Patienten war nicht zu erkennen, von den Wochentagen ist der Freitag etwas bevorzugt. Drei Viertel dieser Patienten kommen außerhalb der Dienstzeiten der antragstellenden Ordnungsbehörde, besonders viele nach Mitternacht.

Nach der Zuordnung im Antrag liegt in ⅔ der Fälle bei Aufnahme eine „psychische Störung, die in ihren Auswirkungen einer Psychose gleichkommt" vor, in ⅓ der Fälle Suchtkrankheit.

Als Gefährdungskategorie überwiegt bei weitem Eigengefährdung bzw. Gefahr der Selbstschädigung. Bei nur 7,7% ist Gefahr der öffentlichen Sicherheit und Ordnung genannt. In fast ⅓ der Fälle war der Patient bei Antragstellung willenlos.

Die wesentliche Schilderung der zur Zwangsunterbringung führenden Tatbestände geht in 30% auf Polizei (oder Feuerwehr) zurück, in 37% lediglich auf den antragstellenden Arzt.

Als ausschlaggebender Tatbestand wurde in 60% der Unterbringungsfälle ohne ambulante Weiterbetreuung eine Suizidproblematik angegeben, überwiegend Ankündigung oder Androhung von Suizid, aber immerhin in 17,4% Zustand nach Suizidbehandlung. Zusätzlich wurden angegeben Hilflosigkeit durch Alkohol, Prädelir, dagegen weniger Gewalt gegen Personen oder Sachen.

56,2% der Unterbringungspatienten ohne anschließende ambulante Weiterbetreuung standen bei Aufnahme eindeutig unter Alkoholeinwirkung, 8,8% waren medikamentenintoxikiert, bei 5,1% lag Drogeneinwirkung vor.

In der klinisch-psychiatrischen Syndrombeschreibung dominiert (bei Möglichkeit der Mehrfachnennung) das depressive Syndrom mit 50,5% und das delirante Syndrom mit 42,1%. Psychosen kommen danach seltener vor (14,1%).

Der Anteil der Patienten, die direkt mit der stationären Aufnahme auch zwangsuntergebracht werden, liegt bei 91%, nur bei 9% geht ein mehr oder minder langer Versuch der stationären Behandlung auf freiwilliger Basis voraus.

In 31,5% der Fälle wird die Unterbringung nach § 17 aufgehoben und es kommt nicht zu einer einstweiligen Unterbringung nach § 18. Bei der Mehrzahl der Aufhebungen der sofortigen Unterbringung kommt es gleichzeitig zur Entlassung.

Die Aufhebung der einstweiligen Unterbringung fällt wiederum in der Hälfte der nach § 18 Untergebrachten mit der Entlassung zusammen, in ¼ der Fälle erfolgt Zustimmung zur Weiterbehandlung (stationär)!

Kam es überhaupt zur einstweiligen Unterbringung, so war diese in 30% nach spätestens 2 Tagen auch schon wieder aufgehoben, in 41% nach spätestens 3 Tagen.

Nimmt man sofortige und einstweilige Unterbringung der Patienten ohne ambulante Weiterbetreuung zusammen, so läßt sich folgende Aussage treffen: Die tatsächliche Dauer der Zwangsunterbringung ist bei diesen Patienten extrem kurz. In 13,4% wird die Zwangsunterbringung noch am selben Tag aufgehoben, bei 41,9% ist sie spätestens am Folgetag aufgehoben. In 54,6% der Fälle ist die Unterbringung nach spätestens 2 Tagen schon wieder aufgehoben, in 67,6% nach 3 Tagen.

Bei den Abschlußdiagnosen (Erst- und Zweitdiagnosen) der Unterbringungspatienten ohne ambulante Weiterbetreuung wird in 57,4% der Fälle Alkoholmißbrauch angegeben, in 45,3% Neurosen/Persönlichkeitsstörungen, in 8,4% Drogenmißbrauch. Von den übrigen Diagnosen kommen allenfalls noch die Psychosen vor (in 14%).

21% der Unterbringungspatienten ohne ambulante Weiterbetreuung werden gleichzeitig gegen ausdrücklichen ärztlichen Rat entlassen.

F. Zusammenfassung und Diskussion

Mit dem 1970 in Kraft getretenen „Gesetz über Hilfen und Schutzmaßnahmen bei psychischen Krankheiten (PsychKG)" strebte der Gesetzgeber u. a. das Ziel an, die Zahl der Zwangsunterbringungen nachhaltig zu reduzieren und fragwürdige, nicht psychiatrisch begründete Einweisungen zu verhindern.

Im Hinblick auf diese Erwartungen werden die Ergebnisse der Analyse der Zwangsunterbringungen in Köln im Jahre 1983 zusammengefaßt und diskutiert.

Das PsychKG hat die ihm zugewiesene Funktion eines „Unterbringungsabwendungsgesetzes" nicht erfüllen können.

Alle vorliegenden Daten zeigen, daß die Zahl der Zwangsunterbringungen gegenüber den Zeiten des alten Landesunterbringungsgesetzes (LUG) nicht reduziert wurde, sondern kontinuierlich anstieg.

Im Geltungsbereich des PsychKG NW war diese Entwicklung 1973 für den eher ländlichen Einzugsbereich eines herkömmlichen psychiatrischen Großkrankenhauses beschrieben worden.

Obwohl die Bedingungen in der Großstadt Köln mit dem gemeindenahen psychiatrischen Behandlungszentrum der Rheinischen Landesklinik (RLK) und der engen Zusammenarbeit von Psychiatern, Richtern und Gesundheitsamt besonders günstig sind, konnte auch hier die Zahl der Unterbringungen bisher nicht gesenkt werden.

Der Anteil der Zwangseinweisungen an der Gesamtzahl der Neuzugänge der RLK betrug im Jahre 1983 noch 22,2%. Für stichhaltige Vergleiche zwischen Kliniken und Bundesländern muß die Unterbringungsrate auf die Einwohnerzahl bezogen werden. Danach ergab sich 1983 in Köln eine Rate von 114 Zwangseinweisungen pro 100 000 Einwohner.

Die vom Gesetzgeber als Ausnahmeregelung für dringende Fälle akuter Gefahr für die öffentliche Sicherheit oder Ordnung geschaffene Unterbringungsmöglichkeit nach § 17 ist mittlerweile zum Regelfall geworden:

98,1% aller Zwangsunterbringungen erfolgen als „sofortige Unterbringungen" nach § 17.

In dieser Entwicklung drückt sich ein Dilemma aus, das in § 11 des PsychKG begründet ist. Danach gehört zu den Voraussetzungen der Unterbringung eine gegenwärtige erhebliche Gefahr, die nicht anders als durch Zwangsunterbringung abgewendet werden kann. Bei korrekter Anwendung der gesetzlichen Bestimmungen ist eine Unterbringung bei sich abzeichnender Gefahr noch nicht gerechtfertigt. Wenn aber erst ein konkreter Gefährdungstatbestand erfüllt sein muß, um ein Unterbringungsverfahren einleiten zu können, bleibt meist nur noch die Notmaßnahme der sofortigen Unterbringung nach § 17.

Im Gesetz ist bei sofortiger Unterbringung keine vorherige Prüfung der Unterbringungsvoraussetzungen und Beschlußfassung durch den Unterbringungsrichter vorgesehen. Laut § 17 „nimmt die Ordnungsbehörde die sofortige Unterbringung vor" und stellt anschließend beim Amtsgericht den Antrag auf Unterbringung.

Die Untersuchung hat gezeigt, daß ⅔ aller Unterbringungen außerhalb der Dienstzeiten der Ordnungsbehörde anfallen, so daß die Ordnungsbehörde zumindest in ihrer Kontrollfunktion weitgehend ausfällt. Im Ergebnis bedeutet dies, daß in fast allen Fällen die Ärzte in der konkreten Unterbringungssituation auf sich allein gestellt sind. Der Patient wird in eine geschlossene Abteilung gebracht, und die Ordnungsbehörde erfährt am nächsten Werktag von der vorgenommenen Unterbringung. Auch dem Unterbringungsrichter bleibt nur die nachträgliche Prüfung der Unterbringungsbegründung.

Die beschriebenen Umstände bringen die sofortige Unterbringung nach PsychKG NW in der Gesetzeswirklichkeit in die Nähe der „sofortigen fürsorglichen Aufnahme" nach dem Baden-Württembergischen Unterbringungsgesetz, welches eine Unterbringung ohne Gerichtsbeschluß durch den Klinikleiter bis zu maximal 3 Tagen ermöglicht.

Nur in 1,9% aller Unterbringungsfälle erfolgte primär die „einstweilige Unterbringung" nach § 18. Nur in diesen wenigen Fällen ging der Unterbringung eine richterliche Prüfung und der Beschluß zur Unterbringung voraus.

Nach dem Willen des Gesetzgebers sollte die einstweilige Unterbringung der Vorbereitung eines Gutachtens zur Frage der Notwendigkeit einer „sonstigen Unterbringung" nach § 19 dienen können. Dieser Weg ist weitgehend überflüssig geworden. Nur noch 0,8% aller einstweiligen Unterbringungen müssen auf der Grundlage eines Gutachtens in eine sonstige Unterbringung umgewandelt werden.

Die in § 20 vorgesehene Unterbringungsdauer von bis zu 2 Jahren bei Psychosen zeigt, daß der Gesetzgeber von Krankheitsverläufen ausging, die heute dank der Fortschritte in der Psychiatrie kaum noch vorkommen.

Hinsichtlich der Krankheitsbilder bei Zwangseinweisungen haben sich die Schwerpunkte in den letzten 20 Jahren verlagert. Für diese Entwicklung muß neben dem Fortschritt in der psychiatrischen Therapie auch ein Wandel in der zur Unterbringung kommenden Klientel als Ursache angenommen werden.

Die „klassischen" psychiatrischen Patienten, die Psychotiker, haben nur noch einen Anteil von 31,9%. Dagegen wird die Hälfte der Unterbringungsfälle von Patienten mit Persönlichkeitsstörungen (24,4%) und Alkoholmißbrauch (24,7%) gebildet. Die gerontopsychiatrischen Patienten haben einen Anteil von 12,9%.

Die Untersuchung hat gezeigt, daß die im PsychKG enthaltenen Möglichkeiten für Schutz und Hilfe am ehesten bei den Psychotikern zu verwirklichen sind. Bei der Mehrzahl der Patienten mit der Diagnose Persönlichkeitsstörung oder Alkoholmißbrauch haben sich die Zwangseinweisungen als fragwürdig erwiesen. Bei den gerontopsychiatrischen Patienten stellte sich teilweise die Frage der Fehlplazierung.

1983 handelte es sich für 73,5% der Zwangseinweisungen um ihre erste Unterbringung. Für einen großen Teil dieser Patienten schloß sich später kein weiteres Verfahren an.

Dagegen stand eine andere Gruppe von Patienten (25,6%), die schon einmal oder mehrfach vorher untergebracht waren. Von diesen Patienten mußte ¼ im Laufe des Jahres durchschnittlich noch weitere 4- bis 5mal untergebracht werden.

In ¼ aller Unterbringungsfälle waren die Patienten erst allenfalls 3 Monate vorher aus der stationären Behandlung entlassen worden, z. T. war das Intervall sehr viel kürzer.

Bei diesen unbefriedigenden Verläufen mit mehrfachen Zwangsunterbringungen in einem Jahr und kurzen Intervallen zwischen den stationären Aufenthalten handelt es sich teilweise um chronisch psychisch Kranke in einer längeren instabilen Phase. Bei diesen Patienten stellt sich zumindest retrospektiv die Frage nach der Indikation für eine Behandlungspflegschaft.

Zum überwiegenden Teil aber handelt es sich bei diesen sog. Repetenten um Patienten mit einer Suchtproblematik im Sinne von Alkoholmißbrauch, die nicht aus psychiatrischen Gründen in eine psychiatrische Klinik zwangseingewiesen werden.

Bei den Zwangsunterbringungen geht es längst nicht mehr um den „gemeingefährlichen Geisteskranken", der eine manifeste Gefahr für andere Menschen oder für die öffentliche Sicherheit und Ordnung darstellt. In den ärztlichen Unterbringungszeugnissen wird als Gefährdungseinschätzung doppelt so häufig die Gefahr der Selbstschädigung und Fremdgefährdung angegeben.

Mit dieser Verteilung korreliert die sehr häufige Angabe einer Suizidproblematik als Gefährdungstatbestand (40% aller Fälle), meist als Ankündigung oder Androhung von Suizid. Gerade angesichts dieser Zahl mag das Unbehagen der Ärzte verständlich werden, wenn das PsychKG sie zwingt, diese Patienten zuerst unter dem Aspekt der Gefahrenabwehr in ein Krankenhaus aufzunehmen und den Aspekt der Fürsorge und Behandlung zurückstellen zu müssen.

Allerdings muß jeweils die Frage nach der „Ernsthaftigkeit" der mitgeteilten Suizidalität gestellt werden. In vielen Fällen, besonders dort, wo Suizidalität bei gleichzeitig alkoholisierten Patienten angegeben wurde, ergab sich der Eindruck des Mißbrauchs oder einer vorschnellen Zuordnung dieses Gefährdungstatbestands.

Die Skepsis hinsichtlich der Ernsthaftigkeit der angegebenen Suizidalität stützt sich auf Ergebnisse der Analyse: Wenn spätestens einen Tag nach Einleiten der Zwangsunterbringung bei ⅓ der wegen Suizidalität eingewiesenen Patienten die Unterbringung bereits wieder aufgehoben wurde und die sich noch anschließende stationäre Behandlung kaum länger als 1–2 Tage dauerte, dann sind solche Abläufe ein Indiz dafür, daß in diesen Fällen ernsthafte Suizidalität nicht vorgelegen haben kann.

Bei der unkritischen Verwendung des Begriffs Suizidalität als Unterbringungstatbestand wirkt sich offensichtlich eine Verunsicherung durch verschiedene Suizidurteile aus, in denen die Garantenpflicht der Ärzte festgeschrieben wurde. Hier wäre mehr Zivilcourage angebracht.

Zu den Fragwürdigkeiten im Vorfeld der Zwangsunterbringungen gehört die wachsende Zahl von Patienten, die in alkoholisiertem Zustand eingewiesen werden. Insgesamt 33% aller Zwangseinweisungen standen bei Aufnahme in die Landesklinik eindeutig unter Alkoholeinwirkung. Hier richtet sich der Blick auf die Zuweisungsinstanzen. Es entstand vielfach der Eindruck, daß störendes und deviantes Verhalten mit Zwangseinweisung in eine psychiatrische Klinik sanktioniert wird. In vielen dieser Fälle, in denen keine psychiatrische Indikation besteht, bleibt der Beitrag der Landesklinik darauf beschränkt, eine ärztlich überwachte Ausnüchterung zu gewährleisten.

Mit einem solchen Mißbrauch der Einrichtung Krankenhaus durch die Gesellschaft wird dem Ansehen psychiatrischer Institutionen geschadet und den tatsächlich Behandlungswilligen der Weg in eine stationäre Behandlung psychologisch erschwert.

Möglicherweise wird derartigen Einweisungstendenzen durch mißverständliche Formulierungen im Gesetz Vorschub geleistet. 1970 war mit großer Sorgfalt der Begriff „psychische Störung, die in ihrer Auswirkung einer Psychose gleichkommt" erarbeitet worden und als zusätzliche Unterbringungsvoraussetzung in den § 11 aufgenommen worden.

Offensichtlich wird in vielen Fällen die Einschränkung „die in ihrer Auswirkung einer Psychose gleichkommt" nicht beachtet; der scheinbar unverfängliche Begriff der psychischen Störung wird dann zu einem Sammelbecken verschiedenster Verhaltensauffälligkeiten und Befindensstörungen.

Die Zuweisungsinstanzen haben eine Schlüsselstellung im Vorfeld der Zwangsunterbringungen. Dabei dominieren die Allgemeinkrankenhäuser. 47,4% der zwangsweise aufgenommenen Patienten der RLK wurden von Allgemeinkrankenhäusern zugewiesen, überwiegend aus deren Ambulanzen. 7% der Patienten kamen mit ärztlichen Zeugnissen des Gesundheitsamts, 21,5% der Patienten kamen ohne ärztliche Einweisung, meist von Polizei und Feuerwehr direkt gebracht. Durch diese Vorgehensweise entsteht die bedenkliche Situation, daß der den Patienten erstmalig untersuchende Arzt gleichzeitig auch derjenige ist, der den Patienten zwangsweise in der Klinik aufnimmt. Hier sollte eine durchgehende Trennung eingehalten werden.

Unabhängig von der Krankenhauseinweisung wird fast die Hälfte der zwangsweise eingewiesenen Patienten ohne ärztliches Zeugnis bzw. Gutachten zur Unterbringung gebracht. Damit fällt in 46,6% aller Unterbringungen den Ärzten der RLK die undankbare Aufgabe zu, die ärztlichen Zeugnisse, die den Antrag der Ordnungsbehörde beim Amtsgericht begründen sollen, erst nach dem zwangsweisen Transport der Patienten in die Klinik erstellen zu müssen.

Die Untersuchungssituation nach dem Transport in die Klinik ist eine durch die Einweisung selbst veränderte Situation, aus der Verhaltensweisen des Patienten resultieren können, die keinesfalls im Rückgriff zur Rechtfertigung der Unterbringung herangezogen werden dürfen. Hier differenzieren zu müssen, kann schwierig sein.

17,3% aller Zwangsunterbringungen betreffen Patienten, die sich zunächst freiwillig in stationärer psychiatrischer Behandlung befanden, als sie in einen Zustand gerieten, der eine Zwangsunterbringung auf einer geschlossenen Station erforderlich machte. Dies mag als Beleg dafür gelten, daß aus krankheitsimmanenten Gründen auf Zwangsunterbringungen als Ultima ratio nicht völlig verzichtet werden kann.

Unbefriedigend bleibt in diesen Fällen der eine therapeutische Beziehung erschwerende Umstand, daß der bisher behandelnde und möglicherweise später weiterbehandelnde Stationsarzt die Zwangsunterbringung gegen seinen Patienten durch sein ärztliches Zeugnis veranlassen muß.

Mit den Diagnosen haben sich die Krankheitsverläufe und auch die Unterbringungsabläufe verändert. Stationärer Aufenthalt und tatsächliche Dauer der Zwangsunterbringung ist bei den meisten Patienten mit der Diagnose Neurose Persönlichkeitsstörung oder Alkoholmißbrauch extrem kurz.

In 18,6% aller Unterbringungsfälle erschöpft sich die Unterbringung in der spätestens am Folgetag aufzuhebenden sofortigen Unterbringung nach § 17. Eine Umwandlung in § 18 erfolgt nicht. Aber selbst in den Fällen, in denen sich eine einstweilige Unterbringung anschließt, kommt es oft schon am Tag des richterlichen Beschlusses zur einstweiligen Unterbringung wieder zur Aufhebung der Unterbringung.

Insgesamt sind spätestens einen Tag nach Einleitung des PsychKG-Verfahrens 24% der Unterbringungen bereits wieder aufgehoben, nach 3 Tagen sind es schon 42%.

In den meisten Fällen schließt sich nach Aufhebung der Zwangsunterbringung noch eine therapeutisch sinnvolle stationäre Weiterbehandlung auf freiwilliger Basis an. Allerdings gibt es eine große Gruppe von Patienten, die nach Aufhebung des Unterbringungsbeschlusses gleichzeitig oder kurz darauf den stationären Aufenthalt abbrechen. So kommt es, daß 21,5% der Zwangseingewiesenen nach 2 Tagen bereits wieder entlassen sind, fast 40% nach spätestens einer Woche.

Bezüglich der Dauer der stationären Behandlung ergibt sich eine paradoxe Situation: Bei den Zwangseingewiesenen, die ja immerhin zunächst so schwer erkrankt oder gestört erschienen, daß sie zwangsweise in die Klinik aufgenommen wurden, dauert die stationäre Behandlung deutlich kürzer als bei den freiwillig in stationäre Behandlung gekommenen Patienten.

Über das Kriterium des extrem kurzen stationären Aufenthalts (1–3 Tage) bei zwangsuntergebrachten Patienten erschließt sich exemplarisch eine große Problemgruppe, für die der Gesetzgeber die Anwendung des PsychKG nicht vorgesehen hat und deren Aufenthalt in einem psychiatrischen Krankenhaus nicht zu rechtfertigen ist.

Diese Patienten wurden zu ⅔ von anderen Krankenhäusern zugewiesen, überwiegend aus Ambulanzen der Allgemeinkrankenhäuser. Die Patienten befanden sich also schon in ärztlichen Händen, bevor sie wegen angeblich nicht anders abzuwendender Gefahr zwangsweise in die Landesklinik verlegt wurden.

In 60% dieser Fälle mit kurzem Aufenthalt wurde Suizidproblematik im weitesten Sinne als konkreter Gefährdungstatbestand angegeben. In 54% der Fälle waren die Patienten bei Aufnahme eindeutig alkoholisiert. In 57,9% konnte mit diesen Patienten nicht einmal eine ambulante Weiterbetreuung vereinbart werden.

Bei der rechnergestützten Auswertung der Daten konnte mit Hilfe eines besonderen Programms (logistische Regressionsanalyse) nachgewiesen werden, daß die Variablen „Einweisung aus Allgemeinkrankenhaus", „Suizidalität" und „Alkoholeinwirkung" in dieser Reihenfolge als Prädiktoren für extrem kurzen stationären Aufenthalt gelten können.

Bei der Bearbeitung der Krankenakten und der Einweisungsunterlagen der Allgemeinkrankenhäuser drängte sich der Eindruck auf, daß die einweisenden Ärzte bei einem Teil der Patienten eine Gefährdung im Sinne von Suizidalität akzentuierten, um einen Patienten endlich einer Behandlung zuführen zu können. Dabei wird allerdings übersehen, daß ein therapeutischer Zugang zum Patienten durch eine Zwangsmaßnahme eher erschwert wird.

Bei einem anderen Teil der aus Krankenhausambulanzen zugewiesenen hatte sich die Situation offensichtlich dort zugespitzt. Sobald ein alkoholisierter Störer oder Randalierer beiläufig drohte, sich oder anderen „etwas anzutun", war der weitere

Ablauf im Sinne des zwangsweisen Transports in die Landesklinik wegen Selbst- oder Fremdgefährdung damit schon vorgezeichnet.

Unbewußt mögen bei dieser schematischen Anwendung des PsychKG auch die Ängste vor dem Umgang mit einem möglicherweise tatsächlich suizidgefährdeten Menschen eine Rolle spielen. Wo die in Allgemeinkrankenhäusern tätigen Ärzte offensichtlich überfordert sind, bedarf es psychiatrischer Unterstützung.

Die Zusammenarbeit zwischen der RLK und dem zuständigen Amtsgericht darf als vorbildlich bezeichnet werden. Durch fast tägliche Anwesenheit des Unterbringungsrichters in der Klinik können die vorgeschriebenen Anhörungen ohne Verzug und mit der angemessenen Ausführlichkeit durchgeführt werden. Die präzise Anwendung der Verfahrensvorschriften des PsychKG gewährleistet, daß Unterbringungsbeschlüsse sofort aufgehoben werden, sobald eine akute Gefahr nicht mehr besteht.

An dieser Stelle aber zeigt sich in der Praxis das Dilemma, in das Richter und Ärzte bei korrekter Anwendung des PsychKG geraten müssen:

Der § 26 erlaubt die ärztliche Heilbehandlung, soweit dies mit dem Zweck der Unterbringung vereinbar ist. Zweck der Unterbringung ist die Gefahrenabwehr. Sobald die eingeleitete Behandlung zu einer Minderung der akuten Gefahr geführt hat, wird der Unterbringungsbeschluß oft bereits wieder aufgehoben, unabhängig davon, ob bei dem Patienten eine Stabilisierung im psychiatrischen Sinne eingetreten ist. Daher kommt es häufig nach Aufhebung des Unterbringungsbeschlusses zum vorzeitigen Behandlungsabbruch, auch bei Patienten, bei denen eine stationäre Weiterbehandlung indiziert wäre.

Im § 30 PsychKG NW ist die „vorläufige Entlassung", die mit Auflagen zur ärztlichen Behandlung verbunden werden kann, als Teil der nachgehenden Hilfe beschrieben. Leider läßt sich dieses nützliche Instrument nur in wenigen Fällen anwenden, da die vorläufige Entlassung zwingend an die sonstige Unterbringung nach § 19 gebunden ist. Sonstige Unterbringungen aber kommen nur noch selten vor.

Wie notwendig in vielen Fällen Auflagen zur weiteren Inanspruchnahme ärztlicher Behandlung wären, ergibt sich schon daraus, daß in 27,7% aller Unterbringungsfälle mit den Patienten die notwendige ambulante Weiterbehandlung oder Weiterbetreuung nicht vereinbart werden konnte.

Das PsychKG NW enthält Verfahrensbestimmungen zur Unterbringung und Bestimmungen zur vorsorgenden und nachgehenden Hilfe.

In der vorgelegten Untersuchung wurde gezeigt, wie problematisch die Anwendungspraxis der Unterbringungsbestimmungen geworden ist.

Hinsichtlich der fürsorgerischen Bestimmungen des PsychKG besteht das Dilemma, daß Hilfen und Schutzmaßnahmen für psychisch Kranke sich in einem Ordnungsgesetz nur schwer behaupten können.

Nachdem die Bemühungen um ein Bundesfürsorgegesetz gescheitert sind, bleibt als privatrechtliche Alternative zum PsychKG das Familienrecht mit Vormundschaft und Gebrechlichkeitspflegschaft. Daß diese privatrechtlichen Regelungen in ihrer derzeitigen Fassung für Situationen akuter Behandlungsbedürftigkeit kaum praktikabel sind, spiegelt sich in den Zahlen der Klinikzugänge wider:

Im Jahre 1983 erfolgten lediglich 1,1% aller Neuzugänge in die RLK auf der Rechtsgrundlage einer Vormundschaft oder Pflegschaft.

G. Schlußfolgerungen

Das „Gesetz über Hilfen und Schutzmaßnahmen bei psychischen Krankheiten (PsychKG NW)", das 1970 das Landesunterbringungsgesetz ablöste, trug den Bemühungen um eine bessere Versorgung psychisch Kranker Rechnung.
Ein Angebot von vorsorgenden und nachgehenden Hilfen sollte zu einer Verminderung von Zwangsunterbringungen beitragen und psychisch Kranke in verstärktem Maße einer freiwilligen ärztlichen Behandlung zuführen.
Viele der an das Gesetz gerichteten Erwartungen haben sich nicht erfüllt; in der Anwendungspraxis der Unterbringungsbestimmungen ergaben sich vielfältige Probleme.
Der seit 1974 in Köln bestehende interdisziplinäre Arbeitskreis von Richtern und Psychiatern hat sich intensiv mit dieser Materie beschäftigt.
Dabei wurde u.a. auch das Fehlen fundierten empirischen Materials zum Thema „Zwangsunterbringung" festgestellt.
Wie die vorgelegte Analyse der Unterbringungsverfahren gezeigt hat, ergeben sich wesentliche Probleme und Schwierigkeiten aus den gesetzlichen Regelungen und deren Anwendungspraxis.
Die zusammenfassende Diskussion der Ergebnisse ist Ausgangspunkt von Verbesserungsvorschlägen.
Neben Änderungen der Verfahrenspraxis müssen Rahmenbedingungen geschaffen werden, die über differenzierte ambulante und stationäre Hilfsangebote die Zahl der Zwangsunterbringungen vermindern und auf eine kleine Zahl begründeter Fälle reduzieren.
Der sozialpsychiatrische Dienst sollte angemessen ausgestattet werden, um durch gemeindenahe Arbeit psychische Störungen rechtzeitig erkennen zu können und die Einsicht der Kranken in die Notwendigkeit von Behandlungsmaßnahmen wecken zu können.
Unter fachlichen und fürsorgerischen Gesichtspunkten sollte die Zuständigkeit in Unterbringungsfragen bei den Gesundheitsämtern liegen.
Über diese allgemeinen Maßnahmen hinaus muß konkret die Zugriffsschwelle für die Einleitung eines Unterbringungsverfahrens erhöht werden.
Die Notwendigkeit einer Zwangsunterbringung sollte sich auf Tatbestandsmerkmale stützen und ggf. in 2 unabhängigen ärztlichen Zeugnissen begründet werden.
Die attestierenden Ärzte sollten über hinreichende psychiatrische Erfahrung verfügen.
Diese Forderung zielt auch auf eine qualitative Verbesserung der Zeugnisse.
Insbesondere sollten die ärztlichen Atteste in der Situation der Gefährdung „vor Ort" erstellt werden, um eine Verfälschung der Krankheitssymptomatik durch sekundäre Reaktionen zu vermeiden.

Dazu könnte die Einrichtung eines nervenärztlichen Bereitschaftsdienstes beitragen.

Diese Aufgabe müßte in Abstimmung zwischen dem sozialpsychiatrischen Dienst, der Rheinischen Landesklinik und den niedergelassenen Nervenärzten gelöst werden.

Im übrigen könnte ein nervenärztlicher Bereitschaftsdienst abklären, ob eine stationäre, insbesondere eine stationäre psychiatrische Behandlung überhaupt erforderlich ist. Fragwürdige Zwangsunterbringungen, die besonders die in dieser Untersuchung herausgestellte Problemgruppe kennzeichnen, sollten künftig unterbleiben.

Solche Verbesserungen der Rahmenbedingungen trügen dazu bei, daß die Psychiatrie nicht als Auffangbecken für sozial deviantes Verhalten mißbraucht würde.

Aus der vorgelegten Untersuchung läßt sich auch ableiten, daß trotz aller Fortschritte der Psychiatrie Zwangsunterbringungen aus krankheitsimmanenten Gründen nicht völlig vermeidbar sind.

Solange das PsychKG NW Anwendung findet, muß die Verfahrenspraxis immer wieder überprüft werden.

Sollten die familienrechtlichen Lösungen mit ihrer stärkeren Betonung des Fürsorgegedankens zu einer praktikablen Alternative werden, müßte das Vormundschafts- und Pflegschaftsrecht weiterentwickelt werden.

Anhang: Fragebogen
(PsychKG-Erhebung der Rheinischen Landesklinik Köln,
Stand: Januar 1984)

Kartenart [1]   1

1   LAUFENDE NUMMER DES VORGANGS:
    (1 = Rheinische LKl Köln , 2 = Langenfeld, 3 = Bonn,
    4 = Alexianerkrankenhaus, 5 = Universitätsnervenklinik)

[1 | | | | |]   2-7

LKl   laufende Nummer   wieder-
                        holte Auf-
                        nahme

2   AUFNAHMEDATUM:

[| | | | |]   8-13

Tag   Monat   Jahr

3   ENTLASSUNGSDATUM:

[| | | | |]   14-19

Tag   Monat   Jahr

PERSÖNLICHE MERKMALE

[| | | | |]

4   GEBURTSDATUM: 20-25

Tag   Monat   Jahr

5   GESCHLECHT   1 männlich   2 weiblich   [   ] 26

6   STAATSANGEHÖRIGKEIT   1 Deutschland   6 Spanien   [   ] 27
                          2 Österreich/Schweiz   7 Türkei
                          3 Griechenland   0 sonstiges Ausland
                          4 Italien   9 staatenlos/unbekannt
                          5 Jugoslawien

7   WOHNORT   01 Köln 1   09 Köln 50   [|] 28/29
                         02 Köln 21   10 Köln 51
                         03 Köln 91   11 Köln 60
                         04 Köln 80   12 Köln 71
                         05 Köln 90   13 übriges NRW
                         06 Köln 30   14 außerhalb NRW
                         07 Köln 40   15 ohne festen Wohnsitz
                         08 Köln 41

8   FAMILIENSTAND   1 ledig   4 verwitwet   [   ] 30
                          2 verheiratet   5 getrennt lebend (bei Verheirateten)
                          3 geschieden   9 unbekannt

9   WOHNSITUATION   1 Privatwohnung (auch Zimmer,   5 Altenwohnheim, Altenheim,   [   ] 31
    (1. Wohnsitz)   Wohngemeinschaft)   Altenpflegeheim
                          2 therapeut. Wohngemeinschaft 6 anderes Heim
                          3 psych. Übergangs-, Wohnheim 7 sonstiges (z.B. JVA oder
                            Nachtklinik   Auffanglager)
                          4 psych. Krankenhaus   8 ohne festen Wohnsitz
                                                         9 unbekannt

10 LEBT ZUSAMMEN MIT   1 lebt allein (auch in Insti- 5 Geschwistern   [   ] 32   [   ] 33
    (Mehrfachnennung möglich) tution)
                          2 (Ehe-)Partner   6 anderen Verwandten   [   ] 34   [   ] 35
                          3 Eltern(-teil)   7 and. nicht-verwandten
                                                          Personen   [   ] 36   [   ] 37
                          4 Kind(ern)   9 unbekannt

11 BERUFLICHE SITUATION 01 berufstätig, vollzeit   06 Wehr-, Zivildienst   [|] 38/39
    ZUR ZEIT DER AUFNAHME 02 berufstätig, teilzeit   07 beschützt beschäftigt
                          03 mithelfender Familienan-   08 arbeitslos (gemeldet)
                             gehöriger   09 Rentenverfahren, Frührentner
                          04 Hausfrau, -mann   10 Altersrente, Pension, Witwen-
                          05 in (Schul-, Berufs-)   rente
                             Ausbildung, Umschulung   11 anderweitig, ohne berufliche
                                                            Beschäftigung
                                                         99 unbekannt

PSYCHIATRISCHE VORGESCHICHTE

12 BESONDERE RECHTLICHE   1 Vormundschaft   5 Führungsaufsicht   [   ] 40
    SITUATION ZUR ZEIT   2 Aufenthaltspflegschaft   6 Bewährung
    DER AUFNAHME   3 Behandlungspflegschaft   7 keine der genannten besonderen   [   ] 41
    (Mehrfachnennungen möglich) 4 Vermögenspflegschaft   rechtlichen Situationen
                                                      9 unbekannt

| 13 | ERSTE STATIONÄRE PSYCHIATRISCHE BEHANDLUNG ÜBERHAUPT: (99 = unbekannt) | | | 1 | 9 | | | 42-45 |

| 14 | FRÜHERE (TEIL)STATIONÄRE PSYCHIATRISCHE BEHAND-LUNGEN INSGESAMT | 1 keine
2 1-2 Aufnahmen
3 3-5 Aufnahmen | 4 6-10 Aufnahmen
5 mehr als 10 Aufnahmen
9 unbekannt | 46 |

| 15 | ANZAHL DER FRÜHEREN STATIONÄREN BEHAND-LUNGEN IN DIESER KLINIK | 1 keine
2 1-2 Aufnahmen
3 3-5 Aufnahmen | 4 6-10 Aufnahmen
5 mehr als 10 Aufnahmen | 47 |

| 16 | ANZAHL DER FRÜHEREN UNTERBRINGUNGEN NACH DEM PSYCHKG: (0 = keine, 8 = 8 und mehr, 9 = unbekannt) | | 48 |

UMSTÄNDE DER PSYCHKG-UNTERBRINGUNG

| 17 | WAR STATIONÄRE AUFNAHME ZUNÄCHST FREIWILLIG? | 1 nein, direkt PsychKG-Aufnahme | 2 ja, Aufnahme bzw. stationäre Behandlung erfolgte freiwillig, bevor PsychKG beantragt wurde | 49 |

| 18 | ÄRZTLICHE EINWEISUNG DURCH | 01 niedergel. Nervenarzt
02 anderer niedergel. Arzt
03 Gesundheitsamt
04 Notarzt
05 Truppenarzt, Betriebsarzt, Vertrauensarzt
06 Städt. Krankenanstalten Köln-Merheim: Ambulanz | 07 Städt. Krankenanstalten Köln-Merheim:Station
08 andere Krankenhausambulanz
09 anderes Krankenhaus: Station
10 sonstige ärztliche Einweisung
11 Patient kommt ohne ärztliche Einweisung | 50/51 |

| 19 | ÄRZTLICHES ZEUGNIS FÜR ANTRAG AUF UNTERBRINGUNG WURDE AUSGESTELLT VON | 01 Rh. LK1 Köln: Ambulanz
02 Rh. LK1 Köln: Bereit-schaftsdienst
03 Rh. LK1 Köln: Station
04 Universitätsklinik
05 Tagesklinik Alteburger-Straße
06 andere psychiatrische Klinik
07 Städt. Krankenanstalten Köln-Merheim
08 andere nichtpsychia-trische Klinik/Krankenhaus | 09 niedergel. Nervenarzt
10 anderer niedergel. Arzt
11 Sozialpsychiatrischer Dienst/Gesundheitsamt
12 ärztlicher Notdienst
13 Notarzt der Feuerwehr/ Polizei
14 Truppenarzt
15 sonstige
99 unbekannt | 52/53 |

| 20 | FACHDISZIPLIN DES BEAN-TRAGENDEN ARZTES (Schluß von Institution auf Fachdisziplin des Arztes zu-lässig; auch in Facharzt-weiterbildung) | 01 ohne Gebietsbezeichnung
02 Nervenarzt (Neurologe/ Psychiater/ärztlicher Psychotherapeut)
03 Neurochirurg
04 Allgemeinmediziner
05 Internist
06 Chirurg | 07 Gynäkologe, Frauenarzt
08 Pädiater
09 HNO-Arzt
10 Augenarzt
11 Dermatologe
12 Urologe
13 Orthopäde
99 unbekannt | 54/55 |

| 21 | DATUM DES PSYCHKG-ANTRAGS (ärztliches Zeugnis) | | | | | | 8 | | | Tag Monat Jahr 55-61 |

| 22 | WOCHENTAG DES PSYCHKG-ANTRAGS | 1 Montag
2 Dienstag
3 Mittwoch
4 Donnerstag | 5 Freitag
6 Samstag/Sonnabend
7 Sonntag | 62 |

| 22 | | | Kartenart | 2 | 1 |

Laufende Nummer des Vorgangs 1 | | | | | 2-7

LK1 laufende Nummer wieder-holte Aufnahme

| 23 | BESONDERHEITEN DES TAGES DER ANTRAGSTELLUNG | 1 Wochenende (Sa./So.)
2 Vortag eines Wochenendes (Freitag
3 Feiertag
4 Vortag eines Feiertages | 5 "langes" Wochenende mit Feiertag
6 Vortag eines langen Wochenendes
7 keine Besonderheiten | 8 |

| 24 | UHRZEIT DES PSYCHKG-ANTRAGS (00 bis 24 Uhr, auf- bzw. abgerundet auf volle Stunden) | | 9-10 |

<u>ANGABEN ZUM PATIENTEN IM ZUSAMMENHANG MIT DEM ANTRAG AUF UNTERBRINGUNG</u>

MEDIZINISCHE UNTERSUCHUNG ERGIBT (Mehfachnennungen möglich)	1 Psychose 2 psychische Störung, die in ihrer Auswirkung einer Psychose gleichkommt	3 Suchtkrankheit 4 Schwachsinn 9 keine Angabe	☐ 11 ☐ 12
VERHALTEN DES PATIENTEN BEWIRKT ... I.	1 Eingengefährdung 2 Fremdgefährdung	3 Eigen- und Fremdgefährdung 9 keine Angabe	☐ 13
VERHALTEN DES PATIENTEN BEWIRKT ... II.	1 gegenwärtige Gefahr für die öffentl. Sicherheit oder Ordnung 2 Gefahr des Selbstmordes oder der gesundheitl. Selbstschädigung	3 beides gegeben 9 keine Angabe	☐ 14
GRUND FÜR ANTRAG AUF SOFORTIGE UNTERBRINGUNG	1 Patient nicht zur freiwilligen Aufnahme bereit 2 Patient im Zustand der Willenlosigkeit	3 beides angekreuzt 9 keine Angabe	☐ 15
BEGRÜNDENDE TATBESTANDS-MERKMALE DES PSYCHKG ANTRAGS	1 konkretes aktuelles Ereignis 2 nur abstrakte Beschreibung	9 nicht einzuordnen/ unbekannt	☐ 16
SCHILDERUNG DER TATBESTANDS-MERKMALE, DIE ZUM ANTRAG FÜHRTEN; VOR DER ÄRZTLICHEN BEANTRAGUNG (Mehrfachnennungen möglich)	01 ausschließlich/primär durch den antragstellenden Arzt 02 Pflegepersonal auf Station 03 Angehörige 04 Freunde, Bekannte 05 Nachbarn 06 dem Patienten fremde Personen (Passanten, Gastwirte etc.) 07 niedergel. Arzt	08 Krankenhausarzt 09 professionelle Betreuer (z.B. Pfarrer, Gemeindeschwester, Sozialarbeiter) 10 Polizei, Feuerwehr 11 Krankentransportpersonal 12 sonstige 13 Patient selbst 99 unbekannt	☐ 17/18 ☐ 19/20 ☐ 21/22

TATBESTANDSMERKMALE, DIE ZUM ANTRAG FÜHRTEN (Mehrfachnennungen möglich)	01 Desorientiertheit/ Verkennung von Situationen, Personen, Ort und Zeit 02 Hilflosigkeit ohne unmittelbar erkennbare Ursache 03 Hilflosigkeit durch Alkohol-/Medikamenten-/ Drogeneinwirkung 04 Agitiertheit, Unruhe 05 Äußern von Verfolgungsideen 06 sozialer Rückzug, Isolierung 07 stuporöses Verhalten 08 Nahrungsverweigerung 09 Behandlungsverweigerung in lebensbedrohlicher Situation 10 prädelirante Symptomatik 11 der Situation unangemessene Bekleidung 12 Verwahrlosung: mangelnde Pflege der Person 13 Verwahrlosung: mangelnde Pflege der Wohnung 14 Belästigung/Schädigung anderer durch Lärm und Unruhe 15 Beschimpfen, Beleidigen 16 Randalieren	17 Gefährdung des Straßenverkehrs als Fahrer/Benutzer eines Fahrzeuges 18 Gefährdung des Straßenverkehrs als Fußgänger 19 Gefährdung des Straßenverkehrs durch Blockieren der Fahrbahn/Werfen von Gegenständen 20 Androhung von Gewalt (Brandstiftung, Körperverletzung oder Sachbeschädigung 21 Beschädigung und Zerstörung von Gegenständen 22 Angriffe gegen Personen mittels Brachialgewalt 23 Angriffe gegen Personen mittels Waffen 24 Angriffe gegen Personen mittels anderer Gegenstände 25 Brandstiftung 26 Entführung, Geiselnahme, andere Personen in seine Gewalt bringen 27 Gefährdung anderer durch Tiere 28 Ankündigung/Vorbereitung von Suizid 29 Ankündigung von Suizid bei früher durchgeführter Suizidhandlung 30 Zustand nach Suizidhandlung 31 Erregungszustand 32 sonstiges 99 unbekannt	1. ☐ 23/24 2. ☐ 25/26 3. ☐ 27/28
BESTAND ZUM ZEITPUNKT DER ANTRAGSTELLUNG... (Mehrfachnennungen möglich)	1 Alkoholeinwirkung 2 Medikamentenintoxikation 3 Drogen-/Rauschmitteleinwirkung	4 keine Einwirkung durch obengenannte	☐ 29 ☐ 30

3	SYNDROMBESCHREIBUNG (Mehrfachnennungen möglich)	01 depressives Syndrom 02 maniformes Syndrom 03 paranoides Syndrom 04 stuporöses Syndrom 05 Bewußtseinstrübung	06 Demenz 07 hirnorganisches Psychosyndrom 08 delirantes Syndrom 09 sonstiges 99 unbekannt	☐☐ 31/32 ☐☐ 33/34 ☐☐ 35/3€

4	IST ZUORDNUNG ZU EINEM KRANKHEITSBILD AUFGRUND DER ANGABEN IM ZUSAMMEN- HANG MIT ANTRAG MÖGLICH?	1 möglich 2 unter starken Vorbe- halten möglich	3 nicht möglich	☐ 37

UNTERBRINGUNGSBESCHLUß UND EINSTELLUNG DES UNTERBRINGUNGSVERFAHRENS

5	SOFORTIGE UNTERBRINGUNG OHNE VORHERIGE GERICHT- LICHE ANORDNUNG (§ 17)	1 nein	2 ja Datum	☐ 38 ☐☐☐☐☐☐ 39-44

6	AUFHEBUNG DER SOFORTI- GEN UNTERBRINGUNG NACH § 17, bzw.: UMWANDLUNG IN EINST- WEILIGE UNTERBRINGUNG NACH § 18	1 Beschluß für einst- weilige Unterbringung (§ 18) erfolgt Beschluß nach § 18 erfolgt nicht, nach § 17 wird aufgehoben, weil... 2 Richter beim Anhörungs- termin aufhebt 3 Klinik Patient entläßt	4 Patient Behandlung in rechts- erheblicher Weise zugestimmt hat 5 Begründung im ärztlichen Antrag vom Gericht nicht anerkannt ist 6 "Voraussetzungen nicht vor- liegen": aus der Akte nicht ersichtlich, ob 2, 3, 4 oder 5 zutrifft	☐ 45
			Datum des Beschlusses:	☐☐☐☐☐☐ 46-51

7	AUFHEBUNG DER EINSTWEILIGEN UNTERBRINGUNG NACH § 18, bzw.: UMWANDLUNG IN ANDERE RECHTSGRUNDLAGE	01 Richter hebt beim An- hörungstermin auf 02 Verfahren eingestellt, da Patient (bereits) ent- lassen 03 Patient hat Behandlung auf offener Station zuge- stimmt 04 Patient hat Behandlung auf geschlossener Station zugestimmt 05 Patient hat Behandlung zugestimmt; ob offen oder geschlossen, nicht eruierbar	06 keine explizite Aufhebung, PsychKG läuft nach gesetzter Frist ab 07 Unterbringung nach § 19 08 andere Rechtsgrundlage für Unterbringung (Pfleger § 1800 II BGB, § 55 a FGG) 09 Verfahren eingestellt, da "Voraussetzungen nicht vor- liegen", aus der Akte nicht ersichtlich welche 10 entfällt, da keine Unter- bringung nach § 18	☐ 52/53
			Datum des Beschlusses:	☐☐☐☐☐☐ 54-59

8	EINLEITUNG EINER VORMUND- SCHAFT/PFLEGSCHAFT WÄHREND DER STATIONÄREN BEHAND- LUNG (Mehrfachnennungen möglich)	1 Vormundschaft/Pfleg- schaft nicht einge- leitet 2 Vormundschaft bestand bereits bei der Aufnahme 3 entsprechende Pflegschaft bestand bereits bei der Aufnahme	4 Vormundschaft eingeleitet 5 Aufenthaltspflegschaft ein- geleitet 6 Behandlungspflegschaft ein- geleitet 7 Vermögenspflegschaft ein- geleitet	☐ 60 ☐ 61

39	PSYCHIATRISCHE DIAGNOSEN (ICD 9)	01 gerontopsychiatrische Erkrankung einschließlich präseniler Demenz 02 andere körperlich begründbare psychische Störungen 03 schizophrene Psychosen 04 affektive und andere Psychosen 05 Alkohol- und Medikamentenmißbrauch einschl. symptomatischer Psychosen 06 Drogenmißbrauch oder -abhängigkeit einschl- symptomatischer Psychosen 07 Neurosen, Persönlichkeitsstörungen und andere nichtpsychotische psychische Störungen 08 Oligophrenien 09 Anfallsleiden 10 nichtpsychiatrische Diagnosen (neurologische, internistische u. a.) 11 keine Diagnosen	1. ☐☐ 62/63 2. ☐☐ 64/65

40	ENTLASSUNG GEGEN ÄRZTLICHEN RAT	1 nein 2 ja	3 Entweichung	☐ 66

41	WEITERBEHANDLUNG/NACH- BETREUUNG VORGESEHEN DURCH (Mehrfachnennungen möglich)	01 praktischer Arzt/Arzt für Allgemeinmedizin 02 niedergel. Nervenarzt 03 sonstiger niedergel. Arzt 04 eigene Ambulanz 05 Gesundheitsamt 06 Truppenarzt 07 psychiatrische Klinik/ stationäre Einrichtung für Suchtkranke	08 Allgemeinkrankenhaus 09 therapeut. Wohngemeinschaft 10 psychiatrisches Übergangs-/ Wohnheim 11 Altenwohnheim, Altenheim Altenpflegeheim 12 sonstige 13 keine Weiterbei ·dlung/ Nachbetreuung 14 entfällt, da Ste ᵓefall	☐☐ 67/68 ☐☐ 69/70 ☐☐ 71/72

42	LETZTE ENTLASSUNG AUS

H. Literatur

Baumann J (1966) Unterbringungsrecht. Mohr, Tübingen

Bergener M (1975) Das psychiatrische Behandlungszentrum Köln-Merheim, ein Modell? In: Kulenkampff C, Picard W (Hrsg) Gemeindenahe Psychiatrie. Rheinland, Köln

Bergener M (Hrsg) (1981) Psychiatrie und Rechtsstaat. Luchterhand, Neuwied Darmstadt

Bergener M (1986) Die zwangsweise Unterbringung psychisch Kranker aus der Sicht von Richtern und Ärzten. Springer, Berlin Heidelberg New York Tokyo

Bergener M, Behrends K, Zimmermann R (1976) Psychogeriatrische Versorgung in Nordrhein-Westfalen. Ergebnisse eines interdisziplinären Forschungsprojekts. Westdeutscher Verlag, Opladen

Böker W, Häfner H (1973) Gewalttaten Geistesgestörter. Springer, Berlin Heidelberg New York

Bosch G (1971a) Zur Frage des Abbaus von Zwangseinweisungen. Nervenarzt 42: 65

Bosch G (1971b) Empirische Untersuchungen zur Motivation von Zwangseinweisungen. Vortrag bei der Akademietagung der Evangelischen Akademie Hofgeismar, 03.-05.12. 1971 (Protokoll 56/72)

Degkwitz R (1986) Anlässe für die Aufnahme psychisch Kranker in geschlossenen Abteilungen. Nervenarzt 57: 415

Deutsche Gesellschaft für Psychiatrie und Nervenheilkunde (1980) Stellungnahme zum Suizidurteil. Nervenarzt 51: 573

Deutscher Bundestag (1975) Bericht über die Lage der Psychiatrie in der BRD. Heger, Bonn

Dilling H, Bosch G, Christiansen U (1982) Die psychiatrische Basisdokumentation. Spektrum [Sonderdruck]

Eberhard GA (1967) Überlegungen für ein Geisteskrankenfürsorgegesetz. Das Krankenhaus 59: 121

Eberhard GA (1980) Handbuch PsychKG NW. Deutscher Gemeindeverlag, Köln

Ehrhardt H (1966) Die Unterbringung des psychisch Kranken als ärztlich-rechtliches Grenzproblem. Nervenarzt 37: 107

Ehrhardt H, Villinger W (1961) Forensische und administrative Psychiatrie. In: Gruhle HW (Hrsg) Psychiatrie der Gegenwart, Bd III. Springer, Berlin Göttingen, S 181

Evangelische Akademie Hofgeismar (1973/74) Freiheitsentziehung und soziale Hilfe. Ergebnisbericht eines Arbeitsprojektes 1973-1974 (Protokolle 56/72 und 92/74)

Haddenbrock S (1972) Unterbringung und Freiheitsentziehung aus psychiatrischer Sicht. In: Göppinger H, Witter H (Hrsg) Die forensischen Aufgaben der Psychiatrie. Springer, Berlin Heidelberg New York (Handbuch der forensischen Psychiatrie, Bd 2), S 1385-1426

Heinrich K (1976) Freiheit und Zwang in der Psychiatrie. Universitas 31: 261

Helmchen H (1984) Aktuelle Rechtsprobleme in der psychiatrischen Praxis. Nervenarzt 55: 565

Hopf G (1981) Von der Entmündigung zur Sachwalterschaft. Das österreichische Modell. In: Bergener M (Hrsg) Psychiatrie und Rechtsstaat. Luchterhand, Neuwied Darmstadt, S 151-171

Kaupisch M (1973) Vergleichende Untersuchung zur praktischen Auswirkung des LUG und PsychKG NW. Dissertation, Universität Münster

Lauter H, Schreiber HL (1978) Rechtsprobleme in der Psychiatrie. Rheinland Verlag, Köln

Lorenzen D (1981) Zur Problematik der Unterbringung psychisch Kranker in psychiatrischen Krankenhäusern. In: Bergener M (Hrsg) Psychiatrie und Rechtsstaat. Luchterhand, Neuwied Darmstadt, S 130-150

Lotz H (1976) Erfahrungen mit dem PsychKG NW im Vergleich mit dem früheren LUG. Öff Gesundheitswes 38: 32

Möllhoff G (1982) Die Unterbringung psychisch Kranker. In: Bergener M (Hrsg) Psychiatrie der 80er Jahre. Thieme, Stuttgart New York

Müller HW, Koester H, Temming P (1966) Öffentliche Ordnung oder Hilfe für den psychisch kranken Menschen? Das Krankenhaus 58: 505

Panse F (1964) Das psychiatrische Krankenhauswesen. Thieme, Stuttgart New York

Panse F, Lauber HL (1960) Gedanken zum britischen „Mental Health Act 1959". Gesundheitsdienst, S 316

Parensen G (1972) Die Unterbringung Geistes- und Suchtkranker. Beck, München

Reimer F (1981) Die Öffentlichkeitsarbeit in der Psychiatrie. In: Bergener M (Hrsg) Psychiatrie und Rechtsstaat. Luchterhand, Neuwied, Darmstadt, S 242–249

Reimer F, Lorenzen D (1979) Verzeichnis der Behandlungseinrichtungen für psychisch Kranke. Enke, Stuttgart

Saage-Göppinger (1975) Freiheitsentziehung und Unterbringung. Beck, München

Stumpfe KD, Husser J (1978) Untersuchungen über Zwangseinweisungen von psychisch Kranken. Öff Gesundheitswes 40: 808

Torhorst A, Wächtler C (1983) Zum Problem der Ernsthaftigkeit von Suizidversuchen. Arch Psychiatr Nervenkr 233: 151

Waller H (1982) Zwangseinweisungen in der Psychiatrie. Huber, Bern Stuttgart Wien

Wiebe A (1981) Familienrechtliche Unterbringung – eine Alternative zu den Psychisch-Kranken-Gesetzen. In: Bergener M (Hrsg) Psychiatrie und Rechtsstaat. Luchterhand, Neuwied Darmstadt, S 116–129

Winkler WT (1970) Zum Gesetz über Hilfen und Schutzmaßnahmen bei psychisch Kranken. Nervenarzt 41: 548